Patricia Cori

Bevor wir euch verlassen

Botschaften der Wale und Delfine an die Menschen

Aus dem Amerikanischen von
Sarah Heidelberger

AMRA

Titel der amerikanischen Originalausgabe:
BEFORE WE LEAVE YOU
Messages from the Great Whales and the Dolphin Beings

Brandheiße Infos finden Sie regelmäßig auf:
www.facebook.com/AMRAVerlag

Besuchen Sie uns auf unserer Website:
www.AmraVerlag.de

1. Auflage 2013

Eine deutsche Erstausgabe im AMRA Verlag
Auf der Reitbahn 8, D-63452 Hanau
Telefon: + 49 (0) 61 81 – 18 93 92
Kontakt: Info@AmraVerlag.de

Herausgeber & Lektor	Michael Nagula
Layout & Satz	Birgit Letsch
Frontispiz	Mike Stuart, Bristol
Einbandgestaltung	Guter Punkt, München
Druck	FINIDR, s.r.o.

Die Originalausgabe erschien bei North Atlantic Books, Berkeley, und wurde vermittelt durch Hagenbach & Bender, Schweiz.

ISBN Printausgabe 978-3-95447-007-5
ISBN eBook 978-3-95447-061-7

Inhalt

Für die Q'iquoq'i
(die Wale der Erde
und vieler Welten jenseits der Erde).
Für euch, die ihr zur Sphärenmusik singt
und eure Töne
durch die Kosmische See webt
wie das Licht der Aphrodite,
das golden durch die weichen Schaumkronen
auf den Wellen schimmert.

Ich hatte dieses Buch fast fertig geschrieben,
als sich die große Ölpest im Golf von Mexiko ereignete
und nach und nach Millionen von Barrel Erdöl
in den Ozean sickerten.
Wer weiß schon, wie viele Tonnen chemischer Dispergier-
mittel folgten?
Während wir in den Druck gingen, verbreitete sich das Öl
wie der Schwarze Tod
weiter auf der Oberfläche und in den Tiefen der Meere.
Noch immer verbrennt der Giftcocktail Gewässer, Luft und Sand.

Eine schaurige Prophezeiung,
ein Appell von den Walen und Delfinen,
der vor über zwei Jahren begann,
erzählte von der großen Dringlichkeit,
die großen Ozeane unseres Planeten zu retten.
Sie liegt allein in den Händen der Menschheit.

Wer weiß, wie viele weitere Wale und Delfine gestorben sein
werden,
wenn dieses Buch Sie erreicht?
Wie viele Vögel … wie viele Geschöpfe der Meere?

Wie lange noch wird das Ökosystem der Erde ihn aushalten –
den achtlosen Missbrauch durch den Homo sapiens?
Und das sind wir …
diejenigen »mit den Gehirnen«.

Für die Großen Wale und die Delfinwesen

Für euch würde ich bis ans Ende der Welt gehen,
den wildesten Ozeanwellen trotzen,
der Kälte,
der Angst,
dem Unbekannten.

Für euch würde ich den Blindesten unter den Menschen
die Stirn bieten,
all jenen,
denen es gleich wäre,
wenn ihr verschwindet.

Und sei es nur für ein Flüstern eures Gesangs
oder die Anmut, mit der ihr aus dem Meer springt,
um die Liebe zu spüren,
euer Licht,
die Erhabenheit,
werde ich ewig nach euch suchen
und dafür leben, euch zu befreien.
Es ist mein Traum,
zu leben, um euch zu befreien.

Eins

»Bitte helft uns!«

Es war der 22. November 2008. Ich befand mich gerade in Jordanien, wo ich meinen Aufstiegsworkshop veranstaltete. Es war der erste Tag eines zweitägigen Intensivseminars für eine Gruppe spiritueller Suchender in der Stadt Amman. Der Kurs behandelt auch Aspekte unserer Übergangsreise, eine intensive Erfahrung, durch die ich Menschen dabei helfe, den äußerst wirksamen und erhellenden Prozess des Erwachens des Lichtkörpers durch die Aktivierung schlummernder DNS (das, was Wissenschaftler als »nichtkodierte DNS« bezeichnen) zu beschleunigen. Es ist mir immer eine Freude, Menschen durch diese erstaunliche Transformation zu begleiten – eine Feier des Lichts und der Grenzenlosigkeit des menschlichen Potenzials in dieser Zeit unserer persönlichen und planetaren Evolution.

Durch diese erhöhenden Erfahrungen werden wir uns der großen Veränderungen immer bewusster, die auf unserem Planeten – einer Welt im Aufruhr – vor sich gehen. Viele von uns versuchen, diese Realität zu begreifen und als einen Prozess anzunehmen, den wir durchlaufen müssen, während wir uns auf den Übergang zu einer höheren Ebene universellen Bewusstseins vorbereiten.

Doch am zweiten Kurstag, ich sprach gerade von unserer Verantwortung als Lichtarbeiter und Wächter Gaias, die ökologischen Probleme unseres großartigen Planeten aktiv anzusprechen, schlugen die Ereignisse und das Programm des Workshops eine Richtung ein, mit der weder die Teilnehmer noch ich jemals gerechnet hätten.

Am Morgen war ich bereits mit einem ausgesprochen unangenehmen Gefühl der Vorahnung erwacht. Und diese Vorahnung manifestierte sich gleich zu Beginn meines Vormittagsvortrags. Wie aus dem Nichts durchbrach ein Chor von Walen und Delfinen meinen Dialog mit den Kursmitgliedern. Genau dort, mitten während meines lebhaften Vortrags, erschienen sie einfach so vor mir – eine ganze Gemeinschaft von Cetaceanern!

Ich konnte sie ganz deutlich sehen: Sie blickten mir geradewegs in die Augen. Es war, als wäre meine Seele ins Meer transportiert worden, wo aus allen Richtungen große Mengen von Walen und Delfinen auf mich zu schwammen.

Der Raum um mich herum und all die Menschen in ihm verschmolzen mit dem Hintergrund. Ich wurde förmlich aus dem Vortragsraum herausgerissen und mitten in eine Szenerie unbeschreiblichen Leids katapultiert. Ich erlebte die kollektive Trauer zahlloser Wale und Delfine hautnah mit: Sie waren wahnsinnig vor Angst, einsam, lagen im Sterben.

Dieses Erlebnis als beunruhigend zu bezeichnen wäre eine Untertreibung galaktischen Ausmaßes.

Ich wurde ins offene Meer hinausbefördert, befand mich unter Wasser, wo ich die Angst, das Grauen, die Resignation der Cetaceaner einatmete. Ich war dort bei ihnen, glaubte, ich würde gerade in den tiefen Wassern ihrer Verzweiflung ertrinken. Verzweifelt und verwirrt zuckten sie mit ihren schönen Körpern. Es war ein letztes Aufbäumen in ihrem Todeskampf – und ich war mittendrin. Das wenige Licht, das hierhin durchdrang, schien von der Umgebung aufgesogen zu werden und auf den Meeresboden hinabzusinken, wo es in der Tiefe erlosch. Ich war vollkommen verängstigt, gefangen in ihrem Schmerz und ihrer Verzweiflung. Während ich die verstörende Szene beobachtete, wurde es dunkler, immer dunkler. Es glich dem betroffenen Schweigen, wenn der letzte Vorhang gefallen und die Show endgültig vorbei ist. Der Augenblick, in dem die Lichter des Theaters für immer ausgehen.

Von weiter draußen im Meer konnte ich entfernte Delfinstimmen hören. Sie riefen mich um Hilfe. Ihre Schreie waren herzzerreißend, untröstlich wie das Rufen verirrter Kinder: »Bitte hilf uns!«, schrien sie voller Verzweiflung. »Hilf uns, bitte, bitte!«

Im Hintergrund spielten die langgezogenen, gespenstischen Gesänge der Wale ein Requiem des Todes.

»Hilf uns!«, schrien die Delfine. Es kam mir so vor, als würden ihre Rufe meine Haut buchstäblich durchdringen, als würden sie sich durch meinen Körper bewegen. »Bitte hilf uns … bevor wir euch verlassen.«

Mitten in dieser grauenhaften Vision sah ich mich selbst vor einer Gruppe völlig verblüffter Menschen stehen, die zu verstehen versuchten, was gerade mit mir passierte. Für einen kurzen Moment wurde ich wieder zurück in den Raum katapultiert, blitzartig. Ich fühlte mich nackt und verletzlich und brach in Tränen aus. Ich war völlig überwältigt von meiner Vision und der ergreifenden Botschaft der Cetaceaner – und so ohnmächtig angesichts solch gewaltigen Leids und Schreckens.

Die Schreie wurden ohrenbetäubend – bis zu dem Punkt, an dem ich glaubte, dass ich gleich in Ohnmacht fallen würde, weil mein Kopf und mein Herz diesem schwindelerregenden Strudel aus angsteinflößenden Empfindungen nicht mehr gewachsen waren. Aber da waren ja auch noch die fast einhundert Menschen vor mir, die eine Erklärung verdient hatten!

»Bitte hilf uns! Bitte, bitte …« Die Schreie waren so verzweifelt wie endlos.

Ich sah all die verwirrten Leute vor mir an. »Wir müssen den Großen Walen und Delfinwesen helfen«, schrie ich sie förmlich an, »oder sie werden für immer verschwinden.«

Die Leute tauschten Blicke aus. Sie waren sichtlich verwirrt und sprachlos in Anbetracht meines seltsamen Verhaltens. Fassungslos saßen sie da, während ich hastig erklärte, dass wir sofort eine Pause einlegen müssten, und aus dem Raum rannte. Ich brauchte einen Augenblick, um meine Verstörung abzuschütteln und mich wieder zu sammeln.

Das war ganz sicher nicht das Verhalten, dass sich die Teilnehmer an diesem Wochenendseminar über DNS-Aktivierung und Aufstieg von mir erwartet hatten. Und mir ging es in dieser Hinsicht nicht anders als ihnen!

Schlotternd vor Schüttelfrost und versunken in einem Ozean anschwellender Emotionen saß ich draußen im Flur vor dem Versammlungsraum. Noch immer konnte ich die Hilferufe der Wale und Delfine hören. Aber was wollten sie von mir? Was für eine Art von Hilfe erwarteten sie? Was sollte ich tun? Was ging da vor sich an den feinstofflichen Rändern der multidimensionalen Reiche? Wieso rief man mich dazu auf, in der Welt der physischen Realität sofortige Maßnahmen zu ergreifen?

Ich rief jedes einzelne Lichtwesen da draußen im Universum an. Ich bat sie, diese hilflosen Seelen in weißes Licht zu hüllen und sie bei ihrem Übergang zu unterstützen. So groß das Grauen war, das ich durch mein übersinnliches Auge gesehen hatte – ich vertraute darauf, dass das Licht der höheren Wesen diesen verängstigten Walen und Delfinen helfen würde, ihr Leid und ihre Verzweiflung durchzustehen – auch wenn ich immer noch nicht wusste, wodurch es ausgelöst wurde. Ich vertraute auch darauf, dass das Licht mir helfen würde, meine Fassung soweit zurückzugewinnen, dass ich in den Versammlungsraum zurückkehren und meinen Vortrag beenden konnte. Und tatsächlich schaffte ich es gerade eben so, bis zum Ende des Tages durchzuhalten.

Später in dieser Nacht schaltete ich den Fernseher in meinem Hotelzimmer ein. Ich erwischte den Anfang einer Nachrichtensendung, in der berichtet wurde, dass genau an diesem Tag in der Nähe von Tasmanien vierundsechzig Wale an die Küste gespült worden waren. Ich war mir absolut sicher, dass sie genau zu dem Zeitpunkt gestorben waren, an dem ich die Hilferufe gehört hatte. Aus irgendeinem Grund war ich persönlich auf diesen tragischen Augenblick eingestimmt gewesen.

Aus irgendeinem Grund hatten sie **mich** *um Hilfe gerufen.*

Dies ist eine der verstörendsten Erfahrungen, die ich jemals gemacht habe – die schmerzhafte Seite des zweischneidigen Schwertes medialer Begabung. Selbst jetzt, wo ich alle Wächter über die Wale und Delfine hier auf der Erde – also ihre Aufgestiegenen Ältesten – in meinem Bewusstseinsfeld halte, wiegt die emotionale Last dieser Erfahrungen so schwer auf mir, dass sie kaum zu ertragen ist.

Sie hat sich unauslöschlich in meine Seele eingeätzt.

Zwischen die Worte ihrer unglaublichen Geschichte sind nach wie vor die verzweifelten Stimmen des sinnlosen Todes gewebt. Sie schrillen durch mein Herz wie der schneidende Klang des Weckers, der sich in einen wunderschönen Traum stiehlt und mich in die morgendliche Realität katapultiert.

Keine ganze Woche nach der ersten Kontaktaufnahme hörte ich ihre Rufe erneut. Wieder flehten sie mich um Hilfe an. Es war das Präludium zu einem noch sinnloseren und, wie es schien, »unausweichlichen« Tod. Später am Tag erfuhr ich, dass 150 Grindwale an einen anderen tasmanischen Küstenstreifen gespült worden waren – genau zu der Zeit, zu der ich die gequälten Schreie gehört hatte, bei denen es sich, wie ich jetzt wusste, um die Vorboten einer Massenstrandung handelte.

Die wenigen Medienberichte, die sich mit dieser gewaltigen Katastrophe befassten, bezeichneten das Geschehen als »einem Massenselbstmord ähnlich«. Und genau das war es auch: Selbstmord.

Die mächtigen Wale und ihre Verwandten, die Delfinwesen, begingen massenweise Selbstmord, hatten ihre Lebensfreude verloren … waren nicht länger willens, die Ozeane unseres wunderschönen Planeten Erde zu durchstreifen, die sie nur Stunden zuvor mit der göttlichen Musik der uralten Sirenen erfüllt hatten. Sie verließen die Meere, in denen sie gerade noch im Rhythmus der Wellen getanzt hatten. Und sie starben gemeinsam: Wale und Delfine, ein für die Cetaceaner offenbar sehr unübliches Verhalten. Doch warum verließen sie uns? Welches Grauen konnte die Ursache dafür sein, dass eine Gemeinschaft hochbewusster Geschöpfe kollektiv den Tod dem Leben vorzog?

Nur wenige Monate nach diesen ersten schrecklichen Botschaften träumte ich von einem gigantischen Tumult im Ozean, so gewaltsam, dass er einen weiteren Massenselbstmord unter den Cetaceanern aus-

löste. In meinem Traum stand ich nackt an der Küste, flehte all die Wale und Delfine an, ins Wasser zurückzukehren, versicherte ihnen, dass sie dort in Sicherheit wären! Doch sie hörten nicht auf, ihre majestätischen Körper in den Sand zu wuchten. Es waren ganze Schulen, und sie waren fest entschlossen zu sterben.

Es gab nichts, was ich sagen konnte, um dieses Selbstmordkommando aufzuhalten. Einer nach dem anderen kamen sie an Land, Erwachsene und Kälber, Wale und Delfine, bis die ganze Küste schwarz war von ihren sterbenden Körpern. Gemeinsam hatten sie sich dieser scheinbar sinnlosen Abkehr vom Leben verpflichtet. Vereint im Leben – vereint im Tod.

Lebwohl, Planet der Meere.

Trotz meines Flehens, sie mögen ins sichere Meer zurückkehren und **leben***, häuften sich um mich herum immer mehr Leiber an. Ihre kräftigen, zähen Körper warfen unter der unnachgiebigen Sonne Blasen. Sie starben.*

Das unfassbare Ausmaß der Szenerie überwältigte mich einfach. Ich konnte nichts tun, um sie zu retten – überhaupt nichts.

Es gab keinen Ausweg.

Ich war umringt vom Tod. Sie sahen mir in die Augen, während sie ihre letzten Atemzüge taten und dann ihr Leben … die Erde selbst aufgaben.

Im Traum schrie ich hysterisch. Ich hatte keine Chance, diesen sinnlosen Massenselbstmord zu verhindern. All die anderen Cetaceaner, die auf die Küste zueilten, riefen mir ununterbrochen zu: »Bitte hilf uns!«, nur um sich und ihre Kälber dann ebenfalls dem Tod hinzugeben.

Schließlich erwachte ich in einem Zustand völliger Verzweiflung und nass von meinen Tränen.

Obwohl meine Augen geöffnet waren und ich bei vollem Bewusstsein war, konnte ich noch immer ihre flehentlichen Rufe hören: »Bitte hilf uns … bevor wir euch verlassen.«

All das ereignete sich am 2. März 2009, in den Morgenstunden nach italienischer Zeit. Gleich nachdem ich erwacht war, erhielt ich einen Anruf, in dem man mir mitteilte, dass es vor der tasmanischen

Küste an einem Ort namens King Island zu einer weiteren Massenstrandung gekommen war. Wieder waren über 150 tote oder im Sterben liegende Pilotwale und Delfine im glühenden Sand gefunden worden. Dies war der Augenblick, in dem ich begriff, dass mein Leben eine neue Richtung einschlagen würde. Und dass meine Liebe zu den großen Ozeanbewohnern dadurch ein bisher ungekanntes Ausmaß annehmen würde – obwohl ich mir kaum vorstellen konnte, sie noch mehr zu lieben, als ich es sowieso schon tat.

Ich wusste noch nicht, wie ich es anstellen sollte, aber ich war mir vollkommen sicher: Ich war gebeten worden, den Großen Walen und den Delfinwesen dieses Planeten zu helfen und das Leid, den Schrecken und den qualvollen Tod dieser göttlichen Geschöpfe Gaias zu beenden.

Wenig später fing ich an, die Nachrichten zu erhalten, die Sie hier lesen werden. Die Großen Wale und Delfinwesen lassen sie Ihnen durch mich zukommen. Doch an mich gesendet werden sie von ihren Aufgestiegenen Ältesten, einem Komitee von Cetaceanern, die im Hohen Rat vom Sirius sitzen und nicht nur auf der Erde, sondern auch in vielen anderen Feldern der physischen Realität und vielen dimensionalen Zusammenhängen durch große Gemeinschaften repräsentiert werden.

Durch das Komitee werden Sie die Wale und Delfine der Erde sprechen hören. Sie werden aber auch die Aufgestiegenen Wale und Delfine selbst hören.

Während ich die Botschaften erhalte, die Sie hier lesen werden, dauern ihre verzweifelten Rufe an. Für mich ist dieser Prozess quälend und schwer zu ertragen, und ich muss zugeben, dass es sich um die emotionalste Arbeit handelt, die ich jemals für Spirit auf mich genommen habe. Es ist, als müsste ich mich permanent für die nächste Kon-

taktaufnahme – den nächsten verzweifelten Hilferuf – wappnen, und das fordert seinen Tribut von meiner Seele.

Andererseits reise ich in die entferntesten Winkel der Welt, um ihnen nahe sein zu können – den Müttern, Vätern, Kälbern. Auf meinen Reisen folge ich den Großen Walen, sobald sie aus den Tiefen des Meeres aufsteigen und mit den Delfinen den Ozean durchstreifen. Ich verbringe so viel Zeit wie möglich in ihrer Nähe, damit ich die Freude und das reine Glück erfahren darf, die es mit sich bringt, mit ihnen draußen auf dem offenen Meer zu sein. Ich bin mir sicher, dass wir nach wie vor ein enormes Potenzial dafür haben, diese Realität zu verändern, die Wale, Delfine und anderen Meeressäuger vor dem Aussterben zu retten und sie – was vielleicht am wichtigsten ist – von ihrem Leiden zu erlösen.

Ich weiß, dass wir ihre Auslöschung verhindern können, auch wenn im Moment alles auf ihr Aussterben hinauszulaufen scheint. Und ich weiß, dass wir ihnen bei ihrem Übergang helfen können, während sie noch in der Tiefe von Gaias Seele schwimmen.

Wie Sie sich gut vorstellen können, ist das keine leichte Aufgabe. Erst ist es nur ein Ruf, dann kommen die Schreie … und am nächsten Tag erwartet mich die neueste Reportage über weitere gestrandete Wale.

Am ersten Weihnachtsfeiertag 2009 telefonierte ich gerade mit einem meiner Leser, als scheinbar direkt aus der Leitung laute Rufe der Wale und Delfine drangen. Sie unterbrachen mein Telefonat mit genau derselben Dringlichkeit, die ich damals in Jordanien erlebt hatte. Und ihre Rufe wurden immer lauter … so laut, dass ich das Gespräch kaum fortsetzen konnte und sogar mein Gesprächspartner sie einen Augenblick lang hören konnte, ehe wir das Telefonat beendeten.

Ich legte auf, und wieder riefen sie die Worte, die ich mittlerweile schon so gut kannte und so sehr fürchtete: »Bitte hilf uns … bitte … bevor wir euch verlassen.«

Ein paar Stunden später erfuhr ich, dass weitere 110 Wale, darunter auch Kälber, an der neuseeländischen Küste gestrandet waren. Wieder hatten sie in der Stunde ihres Todes um Hilfe gerufen. Wieder spürte ich die Verzweiflung durch mich branden, sah ich mich konfrontiert mit dem gewaltigen Ausmaß ihres Leidens und dem überwältigenden Gefühl der Machtlosigkeit, weil ich sie weder aufhalten und retten noch bei ihnen sein konnte, um ihnen den Übergang zu erleichtern.

Dieses Buch ging aus den ersten Hilfeschreien der Wale und Delfine hervor, die durch ihre Kontaktaufnahme mit mir auf meiner Meinung nach erstaunliche Weise ihre Kommunikationsfähigkeit als bewusste, hochintelligente Lebewesen unter Beweis gestellt haben – als Lebewesen, die die Musik der Meere zu Bewusstseinsmustern verweben, die die Ozeane im Gleichgewicht halten.

Sie nutzen auch Intra- und Ultraschall, um mit ihren aufgestiegenen Ahnen und miteinander zu kommunizieren. Sie senden und empfangen eine enorme Bandbreite von Schallwellen, Gedankenblasen und Schwingungsfrequenzen, mit denen sie das Bewusstsein galaktischer Weisheit durch die Schichten des Meeres, in die Erde unter dem Meeresgrund und über die äußere Atmosphäre hinaus durch die vielen Reiche der Realität, die wir gerade erst zu entdecken beginnen, weben.

Wie Sie auf diesen Seiten erfahren werden, handelt es sich bei ihren Klängen um architektonische, hochkomplexe Strukturen. Und sie möchten, dass wir das endlich begreifen. Im Folgenden erklären sie auf höchst beredte Weise ihre Wahrnehmung und ihr Erleben dieser für uns nicht hörbaren Frequenzen sowie deren Auswirkungen.

Die Rufe, die die Biologen bisher erforscht und auf simpelste Funktionen reduziert haben, sind nur ein winziger Bestandteil der gewaltigen Bandbreite des elektromagnetischen Spektrums, das die Wale und Delfine erzeugen. Und ihre Klänge gehen über dieses Spektrum noch hinaus, denn sie werden auch durch andere dimensionale Bewusstseinsebenen in den weit entfernten Reichen des Kosmos der Seele gewebt.

Ist es wirklich so, dass die Klänge der Cetaceaner Beschränkungen unterliegen, oder besteht das Problem nicht vielmehr darin, dass das Erfahrungsspektrum der Menschen im Bereich des Sehens und Hörens beschränkt ist?

Viele unserer Annahmen über die Kommunikationsweise der Cetaceaner sind reine Spekulation, das geben selbst die Wissenschaftler zu. Wie sehr sie sich auch bemühen, die geheimnisvollen musikalischen Codes hinter den Klängen der Großen Wale und Delfinwesen zu knacken – bisher konnten sie weder deren Zweck noch ihren vollen Umfang oder die Intelligenz, die ihnen innewohnt, ausreichend erfassen.

Zweifellos ist das der Grund, aus dem ihre Familie uns ausgerechnet jetzt mit ihren interdimensionalen Botschaften segnet – jetzt, zu einer für den Planeten zugegebenermaßen recht gefährlichen Zeit. Die Zeit für zwischenartliche Kommunikation ist gekommen … oder sollte ich vielleicht sagen: Sie ist zurückgekehrt? Auch das ist ein Teil der Großen Veränderung, die wir als aufsteigende Geschöpfe des großen Planeten Erde bald durchleben werden.

Ich muss wohl kaum erwähnen, dass es großen Widerstand gegen die Hauptthese geben wird, die diesem Buch zugrunde liegt: dass sich die Wale und Delfine (oder irgendeine andere Spezies) durch einen Menschen ausdrücken könnten, der von sich behauptet, ein »Channelmedium« zu sein und Nachrichten zu übermitteln, die aus einem Frequenzbereich stammen, der eigentlich außerhalb unseres Hörbereichs liegt. Viele werden dieses Buch als »New-Age-Hokuspokus« abtun, wie es mir schon mit vielen meiner metaphysischen Arbeiten ergangen ist.

Andere werden mich auf einer persönlichen Ebene kritisieren und bestenfalls als »verrückt« bezeichnen. Glücklicherweise habe ich aber keinerlei Angst davor, jenen in die Augen zu sehen, die über mich richten.

Ich habe schon vor langer Zeit begriffen, dass Skeptizismus und grobe Kritik zu der sehr unkonventionellen Thematik, mit der ich mich befasse, dazugehören. Noch immer beharren viele Menschen auf einer Reihe von Kernannahmen, denen die Überzeugung zugrunde liegt, dass nur Menschen Herz und Seele haben … dass nur wir zu komplexer Kommunikation und wirklicher Selbstwahrnehmung in der Lage sind.

Viele Menschen reagieren mit Spott und Ungläubigkeit, wenn neue und bislang nicht belegbare Thesen aufkommen, die noch keiner genauen Prüfung unterzogen wurden. Aber den Walen und Delfinen zuliebe bin ich willens, mich dieser Herausforderung zu stellen.

Für die Großen Wale und Delfinwesen und all die anderen unschuldigen Geschöpfe dieser Welt, die versuchen, die Grausamkeit und Gleichgültigkeit des Menschen zu überleben, bin ich willens, all das auf mich zu nehmen – und mehr als das.

Die Wahrheit lautet, dass sich die Mehrheit der menschlichen Bevölkerung nicht im Gleichgewicht befindet und ihre Wahrnehmung ausgesprochen begrenzt ist. So viele von ihnen sind davon überzeugt, dass all das, was sie nicht mit ihren fünf Sinnen wahrnehmen können, einfach »nicht existiert«. Als ließen sich Realitäten auf diese Art »beweisen«: durch unser begrenztes Feld der Sinneswahrnehmung!

Für diejenigen von uns, die mit gesteigerten übersinnlichen Kommunikationsfähigkeiten gesegnet sind und über das mentale Auge extradimensionale Klänge und Bilder empfangen und interpretieren können, könnte diese Annahme nicht weiter von der Wahrheit entfernt sein. Metaphysisch orientierten Menschen ist vollkommen klar, dass die Reiche des Unsichtbaren weitaus größer sind als das, was wir in der materiellen Welt wahrnehmen – diesem trügerischen Erfahrungsfeld, an das wir derzeit gebunden sind.

Es gibt noch so viel zu lernen – nicht nur von der musikalischen Sprache der vielen Arten von Cetaceanern, sondern auch über die gewaltige Bandbreite und Größe ihrer Klänge, die auf den verschiedensten Realitätsebenen wahrgenommen werden: Realitäten, die im Multiversum des Bewusstseins existieren, das wir als den »Größeren Kosmos« kennen.

Viele Menschen glauben, dass Kommunikation, die wir nicht durch unsere Ohren als Sprache wahrnehmen, einfach nicht existiert. Sie denken, sie wäre eine reine Einbildung der übersinnlich Begabten. Doch das lässt sich leicht widerlegen. Denn viele Tiere reagieren auf Klänge, die wir Menschen nicht wahrnehmen können! Sie übermitteln nicht nur innerhalb ihrer eigenen Spezies Energien und Verhaltenscodes, sondern setzen sich auch über die Grenzen ihrer Spezies hinweg – ***und*** *über die Grenze des Schleiers, der uns an so viele Illusionen bindet, wie beispielsweise das, was wir hier auf der physischen Ebene unserer aktuellen irdischen Realität erleben.*

Sie nutzen einen Gehirnbereich, auf den die meisten Menschen derzeit keinen Zugriff haben: einen Teil der sogenannten »Grauen Substanz«, den wir aber den bewussten Wesen anderer Reiche zufolge alle aktivieren könnten. Dort schlummern auch in uns Fähigkeiten, die viele Tiere bereits zu einem festen Bestandteil ihrer Kommunikationsnetzwerke gemacht haben.

Es ist richtig, dass wir Menschen proportional zu unseren Körpern sehr große Gehirne haben. Und sicher könnte man daraus folgern, dass wir intelligenter sind als Wale und Delfine. Doch auf der anderen Seite heißt es, dass wir nur einen winzigen Teil unseres Gehirns wirklich nutzen – weniger als fünf Prozent! Wenn die Wissenschaft recht hat und wir wirklich nur drei bis fünf Prozent unserer Gehirnleistung nutzen, dann sagt die Größe unseres Gehirns nichts darüber aus, ob wir die intelligenteste Spezies dieses Planeten sind. Denn dann wären es diese fünf Prozent, die wir in Relation zu unserer Körpergröße setzen müssten. Und in diesem Fall lässt sich die These nicht aufrechterhalten, dass die Gehirnleistung der Menschen größer ist als die der Cetaceaner. Schließlich ist es möglich, dass diese einen größeren Prozentsatz ihres Gehirns aktiv nutzen können als wir.

Nicht, dass die Gehirne von Walen und Delfinen klein wären! Das Gehirn des größten Säugetiers mit Zähnen, des Pottwals, kann mehr als 25 Pfund schwer werden! Es liegt nahe, dass diese große Gehirnmasse ihnen bewusstes Gewahrsein und intelligente Kommunikation ermöglicht.

Doch verschiedene religiöse Doktrinen, Historiker und überzeugte Darwinisten klammern sich nach wie vor an Evolutionsmodelle, die ihrer Meinung nach funktionieren würden, sobald sie nur das sagenumwobene »fehlende Glied« finden. So wird die vorherrschende Überzeugung gestützt, dass wir Menschen die bewussteste und intelligenteste Spezies der Erde sind. Ich empfinde diese Haltung als ausgesprochen arrogant – zumal wir nicht einmal wissen, ob sie zutrifft. Wir befinden uns an einem Punkt, an dem der Mensch einen großen Teil der Ökosysteme der Erde zerstört hat. Macht das die Handlungsberechtigung des Menschen nicht wenigstens überdenkenswert?

Den meisten großen Religionen zufolge haben Tiere keine Seelen! Ich bin es so leid, hören zu müssen, wie Tiere als seelenlose Kreaturen beschrieben werden, deren einziger Existenzzweck darin besteht, dem Menschen als Nahrung zu dienen und ihm das Leben zu erleichtern – uns, dieser gefräßigen und unersättlichen Spezies! Was für eine Dreistigkeit! Wie kann irgendjemand, der auch nur über einen Hauch von Bewusstsein verfügt, annehmen, dass der göttliche Plan der Schöpfung die Tiere der Erde als reine Unterhaltungsobjekte für den Menschen vorsieht?

Viele Menschen glauben noch immer an die überlegene Intelligenz unserer Spezies gegenüber allen anderen Geschöpfen auf dem Planeten und nehmen diese Überzeugung als unantastbare Realität wahr. Doch wir sind nicht sonderlich gut darin, diese große Weisheit unter Beweis zu stellen – besonders, wenn es darum geht, den Planeten im Gleichgewicht zu halten und unsere Umwelt mit anderen Lebensformen zu teilen, um die Gesundheit, Reinheit und Vielfalt des größeren Organismus der breitgefächerten Reiche des Lebens und der Ressourcen unserer Erde zu erhalten.

Wenn überhaupt, könnte man uns für die ***am wenigsten intelligenten*** *Mitglieder des Tierreichs halten – jedenfalls wenn es um unseren Einsatz für unser Überleben geht. Denn aus meiner Sicht sind wir die einzige Spezies, die mutwillig ihren eigenen Lebensraum zerstört und alles vernichtet, was ihren Weg kreuzt. Welches andere Tier tut das schon?*

Auch in Bezug auf unsere Hör- und Sehleistung können wir mit vielen anderen Tierarten nicht mithalten. An dieser Tatsache besteht kein Zweifel. Das menschliche Gehör (und auch unsere Fähigkeit, die Wellen wahrzunehmen, die durch die Schwingungen von Klängen erzeugt werden, wenn sie die Luft verdrängen und unsere Körper durchdringen) ist ausgesprochen eingeschränkt – viel stärker als bei vielen Tierarten. Es reicht, die Verhaltensweisen von Tieren zu beobachten und sich etwas Zeit zu nehmen, ihre Reaktionen auf verschiedene Geräusche zu studieren, um zu diesem Schluss zu kommen.

Überall um uns herum finden sich Beispiele für das überlegene Gehör von Tieren. Meine Hündin Khicca beispielsweise hört das Auto meines Lebensgefährten schon genau fünf Minuten, bevor er nach Hause kommt – ganz gleich zu welcher Tages- oder Nachtzeit. Anhand von Khiccas Bellen, das seine Ankunft ankündigt, weiß ich ganz genau, wann er in den knapp acht Kilometer entfernten Waldweg abbiegt, der zu unserem Haus führt!

Und Khicca hört ihn nicht nur aus dieser Entfernung – sie erkennt offenbar auch die spezifischen Wellenmuster, die sein Auto erzeugt, da sie nur auf ***sein*** *Fahrzeug reagiert. Wie lässt sich das erklären? Reagiert das Gehör von Hunden besonders empfindlich auf weit entfernte Geräusche? Oder handelt es sich um eine Art übersinnliches Gewahrsein, das über die rein körperliche Hörfähigkeit hinausgeht?*

Aber nehmen wir uns die Zeit, über die Bedeutung einer derart gesteigerten Wahrnehmungsfähigkeit nachzudenken? Fällt uns überhaupt auf, wie bemerkenswert sie ist? Ich wage zu behaupten, dass wir das erstaunliche Bewusstsein von Tieren nur in seltenen Fällen anerkennen, und hierin liegt wohl einer unserer größten Fehler: Wir unterschätzen die Intelligenz und das Bewusstsein der Tier-, Pflanzen- und Mineralreiche, die diese wunderschöne himmlische Sphäre mit uns Menschen teilen.

Die Klänge – die Schwingungswellen – ***sind*** *da. Und sie durchkreuzen nicht nur unsere, sondern auch viele andere Dimensionen. Manche von ihnen kann das menschliche Gehör wahrnehmen. Doch die Hörfähigkeit der Tiere ist weitaus ausgeprägter als unsere, und unter den Tie-*

ren sind wiederum die Großen Wale und Delfinwesen diejenigen mit der sensibelsten Wahrnehmungsfähigkeit auf diesem Planeten.

Die Großen Wale und Delfinwesen teilen uns mit, dass das Lied der Erde auch auf vielen anderen galaktischen Stationen gehört wird, an Orten, die sehr ähnliche biologische Abdrücke aufweisen wie unser wunderschöner blaugrüner Planet. Jenseits des Raumvakuums, durch das Schall Physikern zufolge nicht reisen kann, wird die Musik des Bewusstseins auf allen Ebenen gespielt. Dies wird ermöglicht durch die Eloquenz der kosmischen Symphonie, die die Energie – und alle Wellen des universellen Geistes – hinter der Materialisierung allen Lebens enthält.

Natürlich bleiben die Skeptiker wachsam. Das ist verständlich und war zu erwarten. Denn jahrhundertelang hat Ignoranz das begrenzte Gewahrsein der Menschheit für den Fluss bewusster Energie durch alle Schichten der Realität bestimmt. Die meisten Mitglieder unserer Spezies werden dazu ermutigt, möglichst stumpf zu bleiben. Sie sind auf Passivität programmiert und dermaßen abgelenkt, dass sie sich der Mysterien der Natur, die wir mit Millionen von anderen Arten teilen, fast vollkommen unbewusst bleiben. Dieser Umstand ist repräsentativ für der Gesamtzustand des großen Teils der Menschheit, der noch immer nicht erwacht ist. Den meisten Menschen fällt es leichter, in diesem Zustand zu verharren, als Mitgefühl für andere zu empfinden, die feinstofflichen Schwingungen des Universums zu spüren oder unsere kollektive Erfahrung des Unbekannten zu hinterfragen.

Ich habe schon vor langer Zeit den Drang verloren, irgendjemanden von irgendetwas zu überzeugen. Ich ziehe es vor, einfach nur Informationen zur Verfügung zu stellen, auf deren Grundlage sich dann jeder Mensch seine eigene Meinung bilden kann – denn am Ende ist es das, worauf es ankommt.

Auf die Botschaft kommt es an, nicht auf den Boten.

Im Augenblick erwachen viele Menschen. Sie werden sich darüber bewusst, dass und wie Gedanken die Dimensionen überwinden. Sie begreifen, dass unsere derzeitige Wahrnehmungsfähigkeit uns die Vor-

stellung einer multidimensionalen Realität zwar noch nicht ermöglicht, dies aber noch lange nicht heißt, dass eine solche Realität nicht existiert. Selbst die größten Physiker unserer Zeit glauben mittlerweile, dass es viele Realitätsebenen gibt, die in dem, was sie als »Multiversum« bezeichnen, miteinander interagieren.

Es wird nicht mehr lange dauern, bis die Quantenphysik die Phänomene erklären kann, die wir Metaphysiker aller Zeiten und Zivilisationen seit langem als »übersinnliche Erfahrungen« kennen. In diesem bemerkenswerten Zeitalter des Übergangs, in dem wir uns an der Schwelle zu anderen Reichen wiederfinden, ist dies ein Augenblick, dem wir mit Freude entgegenblicken können. Bald werden wir als menschliches Kollektiv diese Schwelle überschreiten: Wissenschaft und Seele werden Hand in Hand die Begrenzungen der menschlichen Wahrnehmung durchbrechen.

Bis dahin sollten wir in unserem individuellen Erleben verschiedenster Informationen vor allem darauf achten, welche Botschaft und welche Weisheit diese Informationen enthalten: Können sich diese Informationen gegen kritische Hinterfragung behaupten, weil sie klar, zielgerichtet und wahr sind? Oder werden sie auseinandergenommen und umgehend abgelehnt, weil sie nicht konsistent und sozial irrelevant sind?

Fühlen Sie sich von den Informationen berührt? Bewegen sie etwas in Ihnen, und sprechen sie vielleicht auf den tiefsten Ebenen Ihrer Seele zu Ihnen?

Wird das, was Sie hier lesen, Sie so sehr bewegen, dass Sie handeln wollen? Dass Sie die Bitten unserer majestätischen Wale und Delfine erhören und einen Beitrag dazu leisten wollen, dem Planeten der Meere zu helfen? Und werden diejenigen unter Ihnen, die sich schon jetzt für die Rettung der Meeresbewohner einsetzen, dazu bewegt, vielleicht noch mehr – viel mehr – zu tun als bisher? Werden Sie die Informationen als Aufforderung verstehen, Maßnahmen zu ergreifen und ihr Bewusstsein auf jenen höheren Ort anzuheben, den wir alle erreichen können – diesen hilflosen Geschöpfen zuliebe, den unschuldigen und liebevollen Meeressäugern, die in so großer Not sind?

Werden Sie diese Informationen tief in Ihrem Inneren für wahr halten? Werden sie Sie daran erinnern, dass genau ***jetzt*** *die Zeit ist, auf dem Planeten Erde einen Unterschied zu machen?*

Endlich gibt es Kontakt zwischen den Arten. Durch ihre Aufgestiegenen Ältesten (von denen einige leitende Positionen im Hohen Rat vom Sirius innehaben) sprechen die Cetaceaner zu uns und erzählen uns ihre Geschichte, die geprägt ist von ihrer Hingabe und Liebe zum Planeten Erde und allen Lebewesen, mit denen wir die Freude haben, diesen himmlischen Raum zu teilen. Sie erklären uns, wie die Reiche des Lebens im ganzen Universum die Musik des Bewusstseins zu einem einzigen goldenen Faden verweben: dem Meister-DNS-Strang des Kosmos. Dem göttlichen Code.

Sie erzählen von der Musik, die sie durch die Ozeane weben, und wie sie so den emotionalen Körper Gaias zusammen- und die Meere im Gleichgewicht halten. Sie berichten darüber, wie ihre galaktischen Familien dem gesamten Multiversum dienen: anderen Welten, anderen Dimensionen – der Schöpfung selbst.

Die Großen Wale und Delfinwesen nehmen uns mit auf eine magische Reise in Welten, die uns bisher – hier und jetzt auf der Erde – unbekannt sind. Sie helfen uns dabei, diese Zeit des Übergangs und die nächsten großen Schritte der Menschheit besser zu verstehen. Durch sie können wir die Realität jenseits unseres begrenzten Wahrnehmungsspektrums erleben, das viele von uns noch immer für die ganze *Realität halten. Sie erklären auch die kosmische Bedeutung von Klang, Licht und Schwingung, die wir mit unseren begrenzten Wahrnehmungsmöglichkeiten noch erkennnen lernen müssen.*

Diese mächtigen Geschöpfe rufen uns dazu auf, aufzuwachen und zu begreifen, dass all das, was wir auf der Erde auslösen, den Kurs von Gaias Voranschreiten in die nächste Dimension beeinflusst. Ohne die Musik all der Arten, die vom Aussterben bedroht sind – ohne das Lied der Wale und Delfine – sieht unsere Zukunft ganz anders aus, als wir im Augenblick glauben. Unser Voranschreiten durch die neuen Bewusstseinsparadigmen – als Individuen, als Weltbevölkerung und als die Spezies Homo sapiens – wird ohne sie anders verlaufen.

Können wir, die Wächter der Erde, ihrem Ruf folgen? Wie viele blutende Körper unserer majestätischen Großen Wale müssen wir noch sehen? Wie viele müssen noch auf die Schiffe ihrer Mörder gewuchtet, in Stücke geschnitten und in Kühlkammern gelagert werden? Wie viele Zeichen, wie viele Massenselbstmorde sind noch nötig, damit wir aufhören, uns ablenken zu lassen, und diesen wichtigen Botschaftern des Planeten Erde endlich unsere Aufmerksamkeit schenken? Wie viele Arten müssen noch aussterben? Wie viel durch Menschenhand verursachtes Leid ist nötig, damit wir begreifen, dass wir alle Teil des großen Orchesters des Lebens sind, dessen Noten von göttlicher Hand ins Gewebe des Kosmos eingeschrieben werden?

Sind wir bereit, den gefährlichen Kurs zu verändern, der unsere geliebte Erde bis an den Rand des Abgrunds getrieben hat?

Wann werden wir, die »intelligenteste Spezies«, endlich erkennen, welche Intelligenz allen Lebewesen innewohnt, und lernen, ihr Recht auf ein Leben in Freiheit, Frieden und Würde hier auf der Erde anzuerkennen?

Wann, meine Freunde?

Wann?

Zwei

Vorstellung des Orchesters

Die wissenschaftliche Ordnung der Cetacea setzt sich aus 120 verschiedenen Arten von Walen, Delfinen und Schweinswalen (die zur Familie der Phocoenidae gehören) zusammen. Die Phocoenidae sind faszinierende Meeressäuger, aber der Übersichtlichkeit dieser Arbeit halber werde ich mich auf die Hauptgruppen der Wale und Delfine beschränken – obwohl es sehr schwer ist, Trennlinien zwischen den Gruppen zu ziehen, da sie alle miteinander verwandt sind, auch wenn sie verschiedene Eigenschaften aufweisen und unterschiedlichen wissenschaftlich klassifizierten Unterordnungen angehören.

Lassen Sie uns mit den Walen anfangen.

Es gibt zwei Unterordnungen dieser großen Meeressäuger: die Zahnwale und die Bartenwale, die sich von Plankton, Krill und sehr kleinen Fischen ernähren.

Zu den **Zahnwalen** zählen:

- Pottwale
- Schnabelwale
- Entenwale
- Weißwale (Beluga-Wale)
- die Familie der Flussdelfine
- die Familie der Meeresdelfine
- Schwertwale (Orkas), die eigentlich zur Familie der Delfine gehören
- Grindwale

Zahnwale geben Sequenzen von schnell aufeinanderfolgenden Klicklauten von sich und produzieren recht hohe Pfeiftöne, indem sie Luft durch die Struktur pressen, die von Meeresbiologen in der Regel als »Stimmlippen« bezeichnet wird. Durch das Ansaugen von Luft blähen sich diese Lippen auf, ähnlich, als verzögen Sie die Lippen zu einem Kussmund. So wird eine ganz bestimmte Schwingung erzeugt, die modifiziert werden kann, um verschiedene Geräusche hervorzubringen.

Die ***Bartenwale*** *nehmen durch ein bürstenartiges Gewebe, das als »Barten« bezeichnet wird, Nahrung zu sich. Die Barten hängen ihnen vom Oberkiefer herab und dienen als Filter, mit dem sie die Tonnen an Nahrung, die sie zu sich nehmen, aus dem Wasser extrahieren. Bartenwale lassen sich in drei Familien unterteilen:*

- *Balaenidae (Glattwale)*
- *Grauwale*
- *Furchenwale – zu denen auch die Buckelwale, die Zwergwale, die Finnwale und die riesigen Blauwale zählen, die größten der Art, die über 30 Meter lang werden können*

Bartenwale erzeugen auf andere Weise Geräusche als ihre Verwandten, die Zahnwale. Im Gegensatz zu diesen verfügen sie genauso wie wir Menschen über einen Kehlkopf. Allerdings haben sie keine Stimmbänder, wie sie im menschlichen Stimmapparat vorliegen.

Der großen Gemeinschaft der Wissenschaftler und Meeresbiologen scheint es nach wie vor ein Rätsel zu sein, wie genau die Bartenwale ihre Lieder und gespenstischen Rufe erzeugen. Genauso viel Unklarheit besteht in wissenschaftlicher Hinsicht bezüglich der wahren Bandbreite der Klänge, die Bartenwale hervorbringen können. Auch den Zweck der Klänge und das Wesen der multidimensionalen Wellen, die sie erzeugen, hat die Wissenschaft bisher nicht erklären können. Diese Wellen aus Licht, Energie und Bewusstsein befinden sich nämlich weit jenseits der Frequenzen, die wir mit unseren derzeitigen technischen Möglichkeiten bislang wahrnehmen und aufzeichnen konnten.

Tatsächlich liefern wissenschaftliche Studien nur sehr begrenzte Informationen. Sie deuten nach wie vor an, dass die wunderschönen

Gesänge und Klicklaute der Wale und Delfine nichts weiter sind als eine eher beschränkte soziale Ausdrucksform, deren Bedeutung sich auf sexuelle Interaktion, Jagd und Warnfunktionen reduzieren lässt.

Doch dass diese Klänge von uns Menschen bisher nicht entschlüsselt werden konnten, heißt noch lange nicht, dass ihnen kein höheres Wissen innewohnt. Viel wahrscheinlicher ist, dass **wir** *es sind, die beschränkt sind, nicht die Wale und Delfine. Wir sind es, die ihre Weisheit nicht erfassen können, nicht sie, die nicht untereinander oder mit uns kommunizieren können.*

Ich staune wieder und wieder, wie wenig die Wissenschaft dazu in der Lage ist, die spirituelle Natur der Tiere und die Verbundenheit Lebewesen (und nicht nur des Menschen) hier auf der materiellen Ebene mit der Quelle zu verstehen und als etwas Positives anzuerkennen – und das, obwohl die Verbundenheit vieler Lebewesen vielleicht weitaus stärker ist als die des Menschen.

Es wurde viel geforscht, um das breite Spektrum der Walklänge zu erforschen. Ein besonderer Fokus lag dabei auf den ausdrucksstarken und verspielten Buckelwalen, die fraglos die eloquentesten Musiker im Orchester der Cetaceaner sind. Dieselben Biologen erforschten auch die Muster, die musikalische Qualität und die Frequenzen dieser Klänge – die Phrasierung, das Timing, die Rhythmen. Und fast alle sind sich darin einig, dass es sich um die komplexesten Klänge im Tierreich handelt. Dennoch wagen sie den nächsten Schritt nicht: die Möglichkeit in Betracht zu ziehen, dass die Intelligenz und das höhere Bewusstsein, die diesen Rufen und Melodien innewohnen, komplexer sein könnten als unsere eigenen Ausdrucksmöglichkeiten.

Die Menschen, die so wie ich eher unkonventionelle Theorien vorlegen, gehen davon aus, dass die Musik der Cetaceaner das höhere Bewusstsein einer galaktischen Spezies widerspiegelt. Wir vermuten, dass diese musikalischen Aussendungen viel wichtigeren Zwecken als der Erleichterung von Paarung und Nahrungsaufnahme dienen – auch wenn wir damit der Auffassung der meisten Meeresbiologen widersprechen.

***Delfine** gehören zur Überfamilie der Delfinartigen (Delphinidae) und werden häufig als die vielfältigste Familie in der Ordnung der Wale bezeichnet. Wie auch die Zahnwale ernähren sich Delfine von Fisch – wobei die größeren Vertreter, die oben als Wale klassifizierten Schwertwale, auch andere Meeressäugetiere fressen. Es kommt häufig vor, dass Schwertwale andere Wale angreifen, besonders die Buckelwale, da sich diese, verglichen mit vielen ihrer Verwandten, recht langsam bewegen. Bei meinen Studien in Neufundland bin ich häufig auf Buckelwale gestoßen, deren Rückenflossen von Kampfspuren und Bisswunden gezeichnet waren, die ihnen von Schwertwalen zugefügt worden waren.*

Viele der größeren Arten aus dieser Familie der Cetaceaner – vor allem Schwertwale, Grindwale, Breitschnabeldelfine, Zwerggrindwale und Kleine Schwertwale – werden häufig als »Wale« bezeichnet, obwohl sie eigentlich zur Familie der Delphinidae gehören.

Wann werden wir endlich den Stein von Rosette entdecken, der uns den Schlüssel zur Verfügung stellt, mit dem wir den Sprachcode dieser hochintelligenten Meeresbewohner knacken können? Wann wird die offene Interaktion zwischen Menschen und Cetaceanern, die wir meiner Meinung nach in den glücklichen Tagen des frühen Atlantis erleben durften, wieder möglich sein?

Mithilfe modernster Technik haben sich einige fortschrittlichere Wissenschaftler auf die Suche nach diesem Schlüssel gemacht und die herrlichen Klangmuster mit Geräten aufgezeichnet, die aus der Schwingungssignatur eines Klangs ein Bild erstellen können. Scheinbar fangen wir endlich an zu lernen, Klänge zu hören und zu denken wie die Cetaceaner: durch die Interpretation heiliger Symmetrien und der heiligen Geometrie, die auf uns zurückgeworfen werden, wenn wir die Welt der holografischen Kommunikationsform der Cetaceaner erkunden.

Diese Entwicklung geht zurück auf die frühen kymatischen Arbeiten des visionären schweizer Arztes und Naturwissenschaftlers Hans Jenny (1904–1972). Sein Buch Kymatik, *ein Meisterwerk, das einen Platz in jeder Bibliothek verdient hat, beschreibt seine langjährigen*

Experimente, bei denen er Klänge durch verschiedene Substanzen wie Sand, Pulver und Flüssigkeiten von unterschiedlicher Viskosität dringen ließ und die komplexen Muster beobachtete und fotografierte, zu denen sich die Substanzen dabei formten.

Viele dieser Muster wiesen die Form komplizierter Mandalas auf – Abbildungen der heiligen Geometrie, die wir als Repräsentationen der höheren Reiche bewussten Gewahrseins und der göttlichsten Bedeutungen und Symbolik verstehen.

Aus seinen Studien entstand eine Reihe von Piktogrammen, die einen Klangreichtum abbilden, der nach Meinung einiger aufgeschlossener Wissenschaftler dazu führen könnten, dass wir die Muster in der Sprache der Cetaceaner entdecken. Die Muster, die die verschiedenen Substanzen ausbilden, werden durch Klänge und Schwingungsemissionen geformt.

Auf etwas Ähnliches verweist Masaru Emoto, der durch sein Buch Die Botschaft des Wassers *bekannt wurde. Dort beschreibt er die Fähigkeiten »belebten Wassers« – von Wasser in seiner vollkommenen Form – bis hin zu ausgeschöpftem Wasser, das eine unregelmäßige Architektur aufweist. Diese Zustände werden durch die physikalischen Eigenschaften des Wassers bestimmt, vor allem aber durch die Wirkung, die Klang und bewusste Gedanken auf Wasser ausüben.*

Mithilfe einer speziellen mikroskopischen Ausrüstung fotografierte Emoto Hunderte von gefrorenen Wasserkristallen. So konnte er zeigen, dass die Seele des Wassers danach strebt, eine vollkommene Form anzunehmen – die eines Hexagramms beziehungsweise sechszackigen Sterns. Dieser wiederum ist nicht zufällig das Symbol für das Hermetische Gesetz »Wie oben, so unten – wie unten, so oben«. Das Wasser dieser Erde ist mit der Weisheit der Schöpfung und ihrer archetypischen Botschaft kodiert, laut der Makro- und Mikrokosmos einander widerspiegeln.

Emoto hat die erwachende Menschheit in ihrem Verständnis darüber, wie Bewusstsein Materie beeinflusst, viele Schritte weit vorangebracht. Er hat gezeigt, dass wir Gedanken und Klänge in Wassermoleküle lenken und so die bewussten Abdrücke verändern können, die in den Wassermolekülen in Form eines »kollektiven Gedächtnisses« gespeichert sind. So können wir den Wassermolekülen helfen, ihre vollkommene Form anzunehmen: die von komplexen hexagonalen Formationen und den dazugehörigen Repräsentationen wunderschöner Hexagramme von göttlichster Kosmometrie.

Wir, die mikrokosmischen Einheiten der größeren Erde, bestehen zu 75 bis 80 Prozent aus Wasser. Nicht zuletzt deshalb verweist Emotos Arbeit ganz klar darauf, dass unsere Gedanken (also Impulse, die wellenförmige Schwingungsfrequenzen erzeugen) direkten Einfluss auf die Körperelektrik ausüben, unsere körperliche Gestalt, unsere Gesundheit und Krankheiten erzeugen und diese als Widerspiegelung des Lebens, der Welt und unserer selbst manifestieren.

Wie ich bereits erwähnte, sind Menschen vornehmlich auf visuelle Reize ausgerichtet. Unser Gehirn ist derart vernetzt, dass wir besonders stark auf optische Stimuli reagieren. Das Tierreich dagegen orientiert sich eher an Klängen. Viele Tiere und alle Cetaceaner können eine große Bandbreite an Klangregistern übertragen und empfangen, die wir Menschen teilweise nicht einmal wahrnehmen. In meinen Sitzungen mit den Großen Walen und Delfinwesen habe ich erfahren, dass sie Klänge tatsächlich sogar »sehen« können. Sie können beobachten, wie Klang sich zu den heiligsten kosmometrischen Formen und Entwürfen ausgestaltet.

Sie können in jeder Note, jedem Akkord Gaias energetischen Abdruck erkennen!

Auf den Punkt gebracht sehen sie das, was Hans Jenny in seiner bahnbrechenden Arbeit entdeckt hat: die Kristallisierung von Klang zu heiliger Form.

Die Klangaussendungen der Cetaceaner verändern die Schwingungsfrequenz des Raums, der sie umgibt. So üben sie letztlich heilende Wirkung *auf das Wasser selbst aus, und die Elementargeister des Wassers verehren sie dafür! Die heilige Geometrie des Wassers spiegelt die höheren Schwingungszustände wider, die überall um uns herum erzeugt werden. Das Wasser wird getränkt mit ihren bemerkenswerten Heilkräften und den heiligen geometrischen Mustern ihres galaktischen Bewusstseins. Durch ihre Klänge, die für uns wahrnehmbaren wie auch jene, die wir nicht hören können (Infraschall), wird alles perfektioniert.*

Diese mentalen Visionen stellen die Relativität von Entfernungen und Energien, ja selbst die Verbindung der Cetaceaner hier auf der Erde zu ihren Aufgestiegenen Ältesten, als eine grafisch erkennbare Symphonie der Klänge dar, die auf der galaktischen »Matrix« kartiert ist – die Klänge sind also nicht nur Musik für ihre »Ohren«.

Übrigens bin ich mir ziemlich sicher, dass dieses Phänomen auch die höheren Reiche durchdringt und Klang der vorherrschende Stimulus für die meisten extraterrestrischen Arten ist. Wie ich bereits in verschiedenen Vorträgen angedeutet habe, halte ich die Kornkreise für die Abbildung von Musiknoten – Piktogramme höheren Bewusstseins –, die sich mit den Energien der Erde verbinden.

So wie Hans Jenny bei seinen Jahrzehnte zurückliegenden Experimenten erkenne ich in den Kornkreisformationen deutlich viele Eigenschaften von Klang, der sich in der Matrix der Materie zeigt und das kosmische Lied der Schöpfung in unsere Raumdichte einprägt. Es ist der Ruf höheren Bewusstseins, der sich durch das Medium der Getreidefelder in der Erdatmosphäre manifestiert.

Was für eine wundervolle Ausdrucksform!

Erst kürzlich stieß ich auf die faszinierende Arbeit von Mark Fischer, einem weiteren bahnbrechenden Forscher im Bereich der Klangdynamik. Er hat die Kymatik auf eine ganz neue Ebene gehoben. Als Ingenieur nutzt er qualitativ hochwertige Aufnahmen von Wal- und Delfinklängen, mit deren Hilfe er mathematische Formeln erzeugt, die als »Wavelets« bezeichnet werden. Aus diesen Formen kann man Graphen erzeugen, die Mark nicht in einem gewöhnlichen Koordinatensystem darstellt, sondern als sogenannte »Polarkoordinaten«. Mit diesen Daten lässt sich ein kreisförmiges Muster bilden, ein Mandala von außergewöhnlicher Struktur, das ungewöhnliche architektonische Eigenschaften aufweist. Mark Fischers Mandalas stellen einige ziemlich raffinierte Formen der heiligen Geometrie dar.

»Wenn man sich den Wavelet-Graphen des Liedes eines Buckelwals ansieht, gewinnt man einen viel klareren Eindruck von der Struktur, der Komposition, dem Gefühl und der Intention, die dahinterstecken«, erklärt er. »Die Bandbreite der Strukturen und Texturen, die dabei zum Vorschein kommen, ist erstaunlich groß – fast so wie ein Wandteppich.«

Dass die Buckelwale singen können, ist uns schon lange bekannt. Aktuelle Studien zeigen, dass sich ihre Lieder nach lokalen Dialekten unterscheiden lassen und dass sie komplexe grammatikalische Regeln aufweisen, was auf einen weitaus höheren Grad an Kommunikationsfähigkeit hinweist, als bisher gedacht.

Einige von Mark Fischers kunstvollen Darstellungen dieser Wavelet-Muster finden Sie im Fototeil dieses Buches als Teil des Kapitels Cetaceaner-Mandalas: Hilfsmittel für die Meditation. *Sie können sie als von den Walen und Delfinen selbst erzeugte Mandalas verwenden, die Ihnen dabei helfen sollen, während Ihrer Meditation auf den Wellen der Cetaceaner-Lieder zu reisen.*

Im Augenblick mag Ihnen diese Vorstellung vielleicht seltsam und kompliziert erscheinen. Aber wenn Sie erst einmal gehört haben, wie die Wale und Delfine zu Ihnen sprechen, werden Sie verstehen. Und vielleicht werden Sie sogar anfangen, so wie die Cetaceaner, die mit ihren Rufen holografische Bilder erzeugen, durch Klänge sehen zu können. Vielleicht wird sich in Ihrem Geist die Weisheit aller Zeitalter und naher und ferner Galaxien widerspiegeln. Und wer weiß, vielleicht wird vor Ihrem inneren Auge sogar das feinstoffliche Gewebe anderer Dimensionen erscheinen?

Hören Sie hin, um den Klang der höheren Geschöpfe zu ***sehen.*** *Lassen Sie zu, dass sich diese Visionen auf ewig in das Gewebe Ihres bloßen Seins einprägen: in Ihren Körper, Ihre Seele und Ihren Geist. Und empfangen Sie die Liebe.*

Bitte nehmen Sie die Liebe an, oder nichts – gar nichts – hat mehr einen Sinn.

Drei

Ganz nah – und so tröstlich

Wie man sich wohl vorstellen kann, führte mich diese Kontaktaufnahme auf eine Reise in die Welt der Wale und Delfine – hinaus aufs offene Meer, wo ich mir ihre Musik live anhören konnte. Ich lauschte unzähligen Aufnahmen von Cetaceaner-Gesängen und machte mit meinem Hydrophon, einem Unterwasserschallempfänger, auch selbst welche. Ich verbrachte einen Großteil meiner Freizeit damit, mich meiner allgemeinen Faszination für die Meeressäuger zu widmen. Schon vorher, mein ganzes Leben lang, hatte ich eine große Liebe zu den Cetaceanern empfunden. Doch nachdem ich zum ersten Mal ihre Hilferufe gehört hatte, wurde ich geradezu besessen von ihnen … diesen majestätischen, wunderschönen Geschöpfen, die über Gaias Herz wachen.

Ich schwamm auf den Azoren und im Ägäischen Meer mit den Delfinen, verbrachte Zeit mit den Walen vor der neufundländischen Küste, im nordwestlichen Pazifik, in Cabo San Lucas und in Magdalena Bay, einem weitgehend unbekannten Walschutzgebiet in Mexiko. Dort machte ich eine der magischsten Erfahrungen meines Lebens: Ich durfte beobachten, wie die Grauwale in diesen ruhigen, geschützten Gewässern ihre Jungen gebären. Nur eine Erfahrung fehlt mir noch: mit freilebenden Walen zu schwimmen. Doch auch das wird noch kommen.

Und ich weiß, dass es nicht mehr lange dauern wird.

Alle Menschen, auch diejenigen, die die Wale töten wollen, sollten das Privileg haben, beobachten zu dürfen, mit welcher Anmut und Würde sich diese sanften Riesen in jenen seichten Wassern bewegen. Wie sie Seite an Seite mit ihren Kälbern schwimmen, sie umhegen. Vielleicht würden die Mörder der unschuldigen Cetaceaner durch diesen Augenblick der Wahrheit ja dafür sensibilisiert werden, wie verachtenswert und widernatürlich ihr Verhalten ist. Vielleicht würde die Verletzlichkeit dieser Mütter und Kälber sie so tief berühren, dass sie ihre blutbefleckten Harpunen niederlegen und vor dem Licht kapitulieren.

Schließlich haben auch **sie** Mütter!

Wenn dieses Buch in den Druck geht, werde ich den Ozeanen dieser Welt noch viele weitere Besuche abgestattet haben. Ich werde überall dort gewesen sein, wo ich den Großen Walen und Delfinwesen nahe sein kann. Wo ich das Lied des Meeres in mich aufnehmen und lernen kann, wie man mit diesen großen Meistern der Ozeane Gaias kommuniziert. Für mich steht außer Frage, dass es das Schicksal ist, das mich zu ihnen ruft. Und ich folge diesem Ruf.

Wenn ich ihre ergreifenden Botschaften übermitteln will, muss ich ihnen nahe kommen und lernen, mich in ihrer Welt zu Hause zu fühlen. Mein Herz muss erfüllt sein von der Freude, sie in freier Wildbahn zu beobachten. Nur so kann ich den tiefen Schmerz in mir ausgleichen, den ihre Hilferufe mit sich bringen.

Und Freude gibt es im Überfluss – überall.

Wenn man auf dem offenen Meer aus der Nähe beobachten kann, wie die verspielten Buckelwale und die Großen Tümmler aus den Wellen springen und auf dem Wasser tanzen, kann man schnell vergessen, dass sie wahrscheinlich bald vom Angesicht der Erde verschwinden werden. Und noch schwerer lässt sich in diesen Augenblicken fassen, dass sie Stück für Stück ihren Lebenswillen verlieren. Dass sie Massenselbstmord begehen und das Lied der Cetaceaner immer leiser werden lassen, bis es eines Tages vielleicht ganz **verklungen** ist.

Die Wale werden seit Ewigkeiten abgeschlachtet – mittlerweile von modernen Walfängern, die von Regierungen und geldgierigen Unternehmen, die den Tod der Cetaceaner sponsern, unterstützt werden. Wenn wir diesem Morden nicht bald ein Ende setzen, werden die Wale bald ganz aus den Ozeanen dieser Welt verschwunden sein. Wenn wir uns nicht zusammentun und gemeinsam voller Entschlossenheit für die Cetaceaner kämpfen, werden wir den Privatinteressen und dem »staatlich verordneten Schicksal« des ganzen Planeten wahrscheinlich schon in naher Zukunft völlig ohnmächtig gegenüberstehen.

Wir als globale Gesellschaft geben ihnen durch unsere Selbstgefälligkeit und unser Schweigen die Lizenz zum Töten – und so viel ist sicher: Töten ***werden*** *sie.*

Wenn wir nicht auf die Bitten der Cetaceaner reagieren und sofort thematisieren, dass der Walfang wieder legalisiert wurde, die Ozeane durch Umweltverschmutzung zerstört werden, unsere Abhängigkeit von Öl krankhaft ist und die Sonartests des Militärs, das den Tod der Meeressäuger als eine Art gerechtfertigten »Kollateralschaden« hinnimmt, katastrophale Auswirkungen haben, dann wird die Musik enden.

Punktum.

Andererseits vergisst man schnell, dass die Menschheit möglicherweise ein ähnliches Schicksal erwartet. Auf die eine oder andere Weise scheint so gut wie alles davon abzuhängen, dass sich das menschliche Bewusstsein grundlegend verändert. Doch besonders direkt betrifft diese Verschiebung die Gemeinschaft der Cetaceaner auf der Erde. Die ökologische Uhr steht auf fünf vor zwölf. Wir können nur mit aller Kraft hoffen, dass wir diese Bewusstseinsverschiebung im Zuge der nächsten dramatischen Phase unserer »Inbesitznahme« dieses ums Überleben kämpfenden Planeten auf eine globale Ebene übertragen können.

Ich glaube fest daran, dass wir dazu in der Lage sind, die ökologische Uhr lange genug anzuhalten, um die sprichwörtlichen Zeiger der Zeit zurückzudrehen. In allerletzter Minute werden wir das Gleichgewicht wiederherstellen und so diesen Planeten retten.

Gene Roddenberry, einer meiner großen Helden, hat bereits versucht, uns zu erleuchten. In seinem Film Star Trek IV *erzählte er eine wahrhaft prophetische Geschichte über die Zerstörung der Erde und allen Lebens in diesem Quadranten der Galaxie. Der Film spielt im 23. Jahrhundert, in dem eine Raumsonde versucht, das Lied der Erdenwale zu orten. Auf diese Weise soll herausgefunden werden, ob auf dem Planeten und in seiner näheren Umgebung noch höhere Bewusstseinsfrequenzen vorhanden sind. Da die Menschen (unseres Jahrhunderts!) die Cetaceaner restlos ausgerottet haben, bleibt die Bestätigung aus. Auf ihrer Suche nach den Klangmustern, die nur Wale erzeugen können, löscht die Sonde alles aus, was sich ihr in den Weg stellt: Immer mehr Sternenschiffe werden zerstört, und das Sternenflotten-Kommando auf der Erde ist verzweifelt.*

Doch der tapfere Admiral James T. Kirk hat einen genialen Einfall: Er schlägt vor, in die Zeit des 21. Jahrhunderts zurückzureisen, die beiden letzten lebenden Wale zu retten und sie in einem gigantischen Wassertank ins Mutterschiff des 23. Jahrhunderts mitzunehmen.

Unmittelbar vor der Auslöschung der Erde ortet die Sonde den Walgesang und wechselt den Kurs. Alle sind gerettet, die Erde überlebt.

Natürlich handelt es sich hierbei um Science-fiction – und trotzdem halte ich die Geschichte für mehr als bloße Unterhaltung. Sie ist eine Warnung. Wenn ich mir die Welt um mich herum ansehe, wenn ich darüber nachdenke, was der Mensch den Ozeanen antut, dann kommt mir Roddenberrys Botschaft geradezu visionär vor. Denn es wird immer wahrscheinlicher, dass die Realität des 21. Jahrhunderts einen ähnlichen Verlauf nimmt.

Im Jahr 1977 schickten die Vereinigten Staaten die Raumsonde Voyager *ins All. Offenbar verfolgten sie die Absicht, die Botschaft in den Kosmos hinauszuschicken, dass es auf der Erde eine Zivilisation »bewusster« Geschöpfe und viele andere Lebensformen gibt. Auf der* Voyager 1 *und auf der* Voyager 2 *befinden sich Datenträger, die sogenannten »Voyager Golden Records«, auf denen eine Auswahl der wichtigsten Klänge und Bilder des Lebens auf unserem Planeten gespeichert sind.*

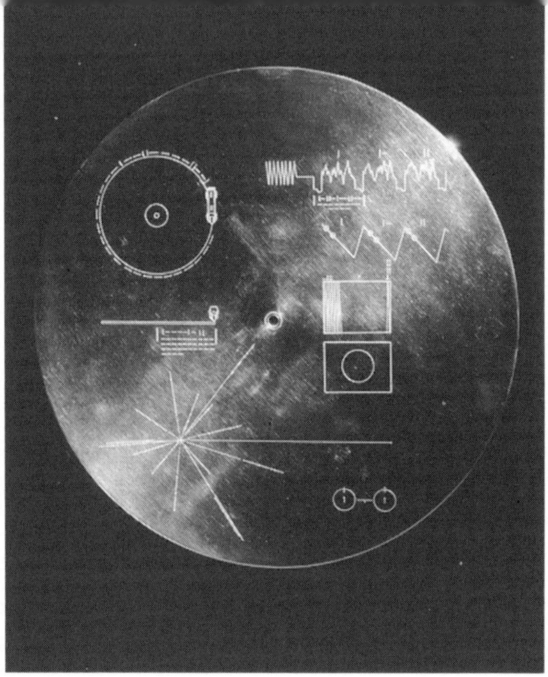

Es ist wohl kaum verwunderlich, dass sich unter diesen Aufzeichnungen auch das Lied der Großen Wale befindet.

Jimmy Carter, der damalige Präsident der Vereinigten Staaten, verfasste hierfür ein Schriftstück, das an die empfindungsfähige Spezies gerichtet war, die hoffentlich eines Tages, irgendwo dort draußen im All, auf die Sonde stoßen würde. Darin heißt es: »Dies ist ein Geschenk von einer kleinen, weit entfernten Welt. Es soll einen Eindruck von unserer Klangwelt, unserer Wissenschaft, unseren Bildern, unserer Musik und unseren Gedanken und Gefühlen vermitteln. Wir versuchen, diese Zeit zu überleben, damit wir vielleicht bis in Ihre fortbestehen können.«

Sind nicht auch diese Worte äußerst prophetisch? Und sind sie nicht bereits beantwortet worden? Durch die geometrischen Muster in den Weizenfeldern von Wiltshire und durch die gedanklichen Verbindungen, die zu mir und anderen Menschen aufgenommen werden, die die Fähigkeit haben, unhörbare Klänge wahrzunehmen wie Hologramme von Gedankenblasen in Bewegung, die aus anderen Dimensionen übertragen werden?

Wie Carter sagte: »Wir versuchen, diese Zeit zu überleben.«

Was sagt das aus über die Menschheit und ihren blinden Konsum der Ressourcen der Erde? Über unsere an Misshandlung grenzende Ausbeutung des Tier- und Pflanzenreichs? Über unser selbstzerstörerisches Beharren auf Krieg und Massenvernichtung?

Dass wir unser Überleben sichern müssen, dieses Bewusstsein nimmt zu. Viele Menschen arbeiten hart und voller Hingabe daran, die Wale und Delfine vor dem Aussterben zu bewahren und ihr Leid zu lindern. Ihnen allen möchte ich für ihren selbstlosen Einsatz und ihre Entschlossenheit, die Unschuldigen dieser Welt zu retten und das Gleichgewicht der Natur wiederzuzustellen, danken. In diesem Leben, auf diesem Planeten, habe ich erst wenige Jahre damit verbracht, der Welt der Cetaceaner näherzukommen. Verglichen mit all den Umweltschützern, Meeresbiologen und Neurolinguisten, die sich bemühen, die Schranke zwischen den Arten zu überwinden, um uns die direkte verbale Kommunikation mit den Cetaceanern zu ermöglichen, habe ich sozusagen nur an der Oberfläche gekratzt.

Das reicht sicherlich nicht aus, um mich als Expertin zu qualifizieren, und ich würde es auch niemals wagen, mich als eine zu bezeichnen. Aber während meiner Zeit auf dem Meer, in der Welt der Cetaceaner, habe ich viel über sie gelernt. Auch habe ich durch die Lehren, die durch die Satellitenkommunikationsnetzwerke der Aufgestiegenen Ältesten an uns übermittelt werden und die zu empfangen und mit ihnen teilen zu können ich die große Ehre habe, viel Wissen über sie erworben.

Ein einziges Mal war ich mit einem typischen Whale Watching-Boot draußen auf dem Meer – und ich kann es nicht empfehlen! Ich bin auch mit kleinen Gruppen in einem Achtsitzer-Zodiac-Boot auf den Atlantik hinausgefahren, draußen vor der Ostküste Kanadas, wo wir von den riesigen Wellen herumgeschaukelt wurden. Ich kann Ihnen versichern, dass das nichts für schwache Gemüter ist! Ich habe mich allein, in privat gecharterten Booten, aufs Meer hinausgewagt, trieb manchmal träge auf einem spiegelglatten Ozean herum, wurde dann wieder von den Wogen durchgeschüttelt. Und immer wieder fand ich Gelegenheit, mich mit den Seelen der Cetaceaner zu verbinden.

Ich hatte die Möglichkeit, für sie zu singen, und durch die Wellen, direkt in mein Herz, klang ein wundervolles Lied zurück.

In den geschützten Gewässern von Magdalena Bay, nördlich von Cabo San Lucas in Mexiko, gebären viele Grauwale ihre Jungen und stillen sie den Frühling über, um sie auf die Migration vorzubereiten. Die Grauwale sind die Riesen der Meere – sie können bis zu 15 Meter lang werden. Jedes Mal wieder war es einfach atemberaubend, wenn sie dicht an unsere winzigen Boote herankamen – manchmal so nahe, dass man sie berühren kann – und zeigten, wie fasziniert sie von den Menschen sind. Denn so ist es: Sie sind ebenso fasziniert von uns wie wir von ihnen. Wo Menschen ihnen bewusst und mit Liebe und Sanftmut begegnen, findet fraglos ein Austausch von Liebe statt. Und diese Schwingung durchquert die Elemente und bringt uns einander näher.

Und ja: Ich bin mit den Delfinen geschwommen. Mit freilebenden, aber auch mit Delfinen in Gefangenschaft.

Ich flog in der Absicht nach Cabo San Lucas, in einem dort gelegenen Delfinzentrum mit Delfinen zu schwimmen. Es war meine erste Erfahrung in diesem Bereich, und ich war einfach noch nicht ganz bereit, in der Hoffnung, einer Delfinschule zu begegnen, von einem Boot aus mitten in den Ozean zu springen, mich Strömung und Tiefe des Meeres auszusetzen. Es dauerte eine Weile, bis ich meine Angst vor tiefem Wasser überwunden hatte – eine Angst, die tief in meinem Unterbewusstsein verankert war. Ich bin mir sicher, dass es sich um eine uralte Erinnerung handelt, die entstand, als ich in einem vergangenen Leben in Atlantis ertrank.

Obwohl ich alle Arten von Institutionen ablehne, die Tiere in Gefangenschaft halten – vor allem dann, wenn sie die Tiere nur zur Unterhaltung der Menschheit ausbeuten –, ließ ich mich auf das Er-

lebnis ein, in der relativen Sicherheit eines abgegrenzten Raums den Dialog mit den Cetaceanern zu eröffnen. Ich wollte Informationen darüber erhalten, wie sie das Leben in Gefangenschaft wahrnahmen und welche Schwierigkeiten es mit sich brachte – von Angesicht zu Angesicht, in 3D.

Der Leiter des Delfinzentrums war durch und durch freundlich. Er schenkte mir seine Zeit und ließ sich von mir befragen. Er entpuppte sich als spirituelle Seele, und nachdem ich meinen Wunsch geäußert hatte, Kontakt zu den Delfinen herzustellen, machte er eine Ausnahme für mich: Er gewährte mir etwas Zeit allein mit den Delfinen, die man mir verweigert hatte, als ich das Delfinzentrum im Vorfeld der Reise erstmals kontaktiert hatte. Er wies mir eine sehr einfühlsame Trainerin zu, die auf einer ähnlichen Wellenlänge war wie ich und die wie ich fest entschlossen war, unseren Meistern der Tiefe zu helfen.

Sie arbeitete vorübergehend in dem Zentrum, weil sie darin eine Möglichkeit sah, den Delfinen näherzukommen. Ebenso wie ich war sie aber der Meinung, dass sich in einem solchen Umfeld keine wirkliche zwischenartliche Verbindung von Mensch und Cetaceanern herstellen ließ – an einem Ort, an dem sie trainiert wurden, um die Menschheit zu unterhalten. Doch das Zentrum versuchte auch, mehr über die Fähigkeiten der Delfine herauszufinden. Unter anderem gab es dort ein Becken, in dem behinderte und autistische Kinder mit ihnen schwimmen konnten. Die vielen Berichte über Spontanheilungen durch Delfinkontakt hatten das Zentrum ermutigt, die Bemühungen in diese Richtung zu verstärken.

Natürlich: Cabo Dolphins war nicht das offene Meer. Aber es war das, womit ich arbeiten musste. Und ich sprang ganz buchstäblich ins kalte Wasser.

Die Trainerin arbeitete mit einem temperamentvollen Delfin namens Renoir. Angeblich war er ganz allein, ohne Schule, im offenen Meer gefunden worden. Ich würde diese Geschichte gern glaube – jedenfalls ist sie mir lieber als die Vorstellung, dass er gefangen und seiner Familie entrissen wurde. Aber ich ***kann*** *sie einfach nicht glauben. Denn*

Delfine verlassen ihre Familien niemals. Sie schwimmen nicht einfach so grundlos davon. Und selbst wenn es in Renoirs Fall so gewesen wäre, ist das noch lange kein Grund, ein freilebendes Tier aus seinem Lebensraum zu entfernen und es einzusperren. Es gibt keine Entschuldigung dafür, in die natürliche Ordnung der Dinge, ins Feld der Natur, einzugreifen. Dennoch nahm ich mir vor, meine Vorbehalte zu überwinden und einen kurzen Moment lang ganz allein mit einem Delfinwesen zu schwimmen – ungeachtet der Umgebung.

Mein Ziel bestand darin, er erfahren, was es für einen Delfin bedeutet, in Gefangenschaft zu leben, wo das Lied der Freiheit nicht mehr durch die mächtigen Ozeanwellen zu ihm zurückgeworfen wird.

Die Trainerin erklärte mir, dass Renoir große Schwierigkeiten hatte, mit den anderen neun Delfinen im Zentrum zurechtzukommen, und oft mit den anderen Männchen aneinandergeriet. Sie beschrieb ihn als launisch, manchmal auch nervös und überspannt, und ich kam nicht gegen das Gefühl an, dass er vermutlich eine Ebene von Liebe brauchte, die er in dieser Umgebung wahrscheinlich niemals kennenlernen würde. Wenn er traumatisierter war als die anderen, dann war er derjenige, mit dem ich schwimmen wollte.

Ich wollte von Herz zu Herz mit dieser wunderschönen Kreatur sprechen. War es möglich, dass es uns gelang, für einen kurzen Moment die Kluft zwischen den Arten zu überwinden, wenn wir nur wenige ungestörte Momente miteinander hatten – und das in seinem Gefängnis?

An dem Tag, an dem ich mit ihm schwimmen sollte, ging ein sintflutartiger Regen auf Cabo San Lucas nieder, so stark, dass die Straßen um das Zentrum und den Hafen herum innerhalb von Minuten überflutet waren. Für diese Gegend, wo die Wüste auf die See trifft, ist so ein Wetter absolut ungewöhnlich. Ich überlegte, dass mein Erlebnis durch die seltsamen Bedingungen unsterblich gemacht werden würde – genauso wie damals der Tag meiner Druidenhochzeit in Glastonbury!

Ich war dankbar, dass das Universum auf diese Weise dafür sorgte, dass keine Touristen ins Zentrum kamen, und dankte den Elemen-

targeistern dafür, dass mir bei meiner ersten Begegnung mit Delfinen im Wasser ein so wundervolles Energieschild zur Verfügung stehen würde. Regen – das Ausströmen von Gaias Emotionen – sollte die Bühne für meine Erfahrung sein, die ich so auf meinen tiefsten Gefühlsebenen durchleben konnte. Ich nahm den Regen an als Zeichen der Erde dafür, dass alle Aspekte dieser Begegnung vorherbestimmt waren: dass es so sein sollte.

Die Trainerin hatte Sorge, dass der Regen Renoir verschrecken und der Delfin ein unberechenbares Verhalten an den Tag legen oder einfach vor mir wegschwimmen würde. Ich spürte, dass sie nervös war und Zweifel hatte, ob Renoir und ich sicher sein würden, wenn wir miteinander schwammen. Doch ich sprang einfach ins Becken, ehe sie es sich anders überlegen konnte.

Das Wasser war so kalt, dass mein Herz einen Schlag lang aussetzte. So wurde ich an die Entschlussfreudigkeit erinnert, die Teil meines abenteuerlichen Lebens ist, in dem ich stets auf der Suche nach tieferen Bedeutungen für uns alle bin – jetzt, zu dieser wichtigen Stunde, in der uns die Verschiebung der Erdzone direkt bevorsteht.

Ich ignorierte den ungemütlichen, kalten Wind und das Dröhnen des Regens und schwamm hinaus bis in die Mitte des eisigen Wassers, wo sonst nichts existierte, nichts anderes von Bedeutung war. Für mich gab es nur noch den Delfin.

Er behielt seine Trainerin im Auge und drängte sich dicht an den Beckenrand. Er wartete auf ihr Kommando und seine Belohnung, die der »positiven Verstärkung« diente: den Fisch.

Auf die Impulse der Trainerin hin schwamm Renoir zwei Mal zu mir in die Beckenmitte und umkreiste mich. Ich hatte zwar das Gefühl, dass er mich begutachtet, doch gleichzeitig wirkte die »Übung« mechanisch: Die Trainerin gab ihm ein Zeichen, sich mir zu nähern, er schwamm um mich herum, dann kehrte er zum Beckenrand zurück, um sich seine Belohnung abzuholen – ein Automatismus, auf den er trainiert war. Ich muss zugeben, dass das ungewohnte Gefühl, mitten im tiefen Wasser eingehend von einem riesigen, muskulösen Delfin unter die Lupe genommen zu werden, in den ersten Minuten ein bisschen beängstigend war. Zusätzlich machte mich die Nervosität und Sorge der Trainerin etwas unsicher. Der Delfin schwamm wieder zu mir hinaus, umkreiste mich und kehrte zu ihr an den Beckenrand zurück, wo er wieder mit seinem Lieblingsfisch belohnt wurde.

Ich bat sie, sich etwas zurückzuziehen, damit ich diese Begegnung ungestört durchleben konnte – ohne Signale, ohne Belohnungen, ohne antrainierte Reaktionen. Sie erklärte sich, wenn auch zögerlich, dazu bereit und entfernte sich, allerdings nur einige Meter weit, damit sie notfalls eingreifen konnte. Ich sandte dem Delfin eine Gedankenbotschaft, in der ich ihn bat, in meine Nähe zu kommen und das Schwingungsfeld der Liebe um uns herum zu erleben. Diesmal kam er ganz langsam auf mich zu – und er blieb. Er umkreiste mich, und dann schwamm er ganz nahe an meinen Körper heran. Es war, als wolle er mich einladen, seinen Körper zu berühren. Intuitiv legte ich ganz vorsichtig meine Hände um Renoirs Torso und hielt den Delfin einfach fest. In diesem Moment kam es mir so vor, als würden Zeit und Raum voll und ganz in der Nicht-Zeit aufgehen, dort, wo es keine Regeln gibt. Mir war es wichtig, dass Renoir die Intention hinter dieser körperlichen Verbindung spürte. Ich wollte ihn wissen lassen, dass er von Liebe – reiner Liebe – umgeben war, und dass er keinem Zwang unterlag, irgendetwas zu tun: keine Kunststückchen, keine Befehle, keine Belohnungen.

Ich wollte herausfinden, ob er die Liebe eines Menschen als die Übertragung reiner, universeller Energie erkennen konnte.

Ich flüsterte ihm zu: »Ich kann spüren, wie dein Herz neben meinem schlägt.« Dabei visualisierte ich, wie ein Delfin wohl das Hologramm eines Herzschlags sieht – und projizierte dieses Bild in sein Erfahrungsfeld. »Kannst du meines auch spüren?«

Seine Reaktion war enorm. Sie glich keiner anderen Emotion, die ich jemals empfunden habe – und die Bandbreite ist gewaltig! Dieses majestätische Geschöpf ließ zu, dass ich es in meinen Armen hielt. Es lieferte sich mir vollkommen aus. Ruhte. Teilte eine Nähe mit mir, die sich nicht beschreiben lässt, sich der Logik, ja sogar der Spra-

che widersetzt. Es gab nichts, was diesen Austausch von Liebe hätte stören können: keine Kunststückchen, keine Leckerbissen, keine antrainierten Reaktionen. Er lag einfach nur in meinen Armen und verband sich mit mir.

Ich hatte unbedingt hören wollen, wie er mir antwortet, wollte eine Gedankenblase wahrnehmen, die sagte: »Ja, ich kann deinen Herzschlag ganz genau spüren!« Doch es kam kein wahrnehmbarer Laut, kein spezifischer Gedanke zurück – nichts, was ich als »Botschaft« hätte aufnehmen können.

Was der Delfin zurückgab, war reine, unermessliche Liebe.

Da war ein unermessliches Gefühl der **Verbundenheit***, und wir beide hatten Teil daran – fühlten den anderen: ein magischer Augenblick des Eins-Seins. Für uns beide war es ein Moment völliger Kapitulation. Ein Moment der Furchtlosigkeit und des grenzenlosen Vertrauens – und wir teilten ihn über die Kluft zwischen den Arten hinweg, von Delfin zu Mensch, von Mensch zu Delfin. Die Liebe, die zwischen uns hin und her floss, war so gewaltig, dass ich sie körperlich in mich hineinströmen spüren konnte, wie in einem Traum. Ich nahm die Gefühle des Delfins als eine Form von Energie wahr, die durch meine Haut und meine Zellen bis in meinen Herzfluss drang.*

Ich bin mir bis in die Tiefen meiner Seele sicher, dass diese Aufnahmefähigkeit auf unsere Urahnen zurückgeht, und dass es in einer weit entfernten Vergangenheit Zeiten gab, zu denen wir diese Freude auf gesellschaftlicher und persönlicher Ebene regelmäßig erleben durften.

In diesen wertvollen Augenblicken des Zusammenseins ließ sich dieses wunderschöne Delfinwesen vollkommen fallen. Irgendwann, während Renoir da in meinen Armen lag, hatte er so viel Vertrauen gefasst, dass er die Augen schloss und sich einfach heilen ließ. Die Trainerin beobachtete das Geschehen mit großem Erstaunen. Zum Glück konnte der Fotograf des Zentrums Aufnahmen machen und meine Erfahrung so verewigen.

Denn sie hat sich zwar wie ein schimmerndes Licht in der tiefen Quelle meiner Seele für immer in mein Herz eingeprägt – aber ich empfinde es dennoch als großes Geschenk, dass meine Erfahrung bild-

lich festgehalten wurde. So kann ich sie mit anderen Menschen teilen. Ich weiß, dass viele von ihnen die Liebe durch diese Bilder fließen spüren können.

Einige Tage nach meiner erstaunlichen Begegnung mit Renoir bot mir Manuel, der Besitzer des Unternehmens, das meine Segelausflüge organisierte, an, mich in das Walschutzgebiet Magdalena Bay mitzunehmen, damit ich Gelegenheit hätte, den Walen wirklich nahezukommen. Es gibt dort kaum Raubtiere, so dass in diesen Gewässern viele Arten einen sicheren Hafen finden. Viele Grauwale migrieren in dieses Gebiet, um ihre Jungen zu gebären, und bleiben dann mehrere Monate lang, um sie zu säugen, ehe sie mit ihrem Nachwuchs ins offene Meer zurückkehren.

Manuel und seine liebenswürdige Lebensgefährtin Serena erklärten sich bereit, für mich die sechs Stunden lange Überfahrt aus

Cabo und wieder zurück in Kauf zu nehmen. Wir waren zwei Tage lang unterwegs, nur damit ich einige mediale Experimente durchführen und mit dem Hydrophon Wal- und Delfinklänge aufzeichnen konnte.

Bei unserer Ankunft in Magdalena Bay funktionierten leider weder das Hydrophon noch das dazugehörige Aufnahmegerät. Nicht, dass mich das überrascht hätte – schließlich war ich dort, um Erfahrungen zu sammeln, und nicht, um mich so sehr in die Aufnahmen zu vertiefen, dass ich am Ende vielleicht das Wichtigste verpasst hätte. Und wie ich bald feststellen sollte, gab es einen noch viel wichtigeren Grund, aus dem ich diese Reise unternommen hatte.

Magdalena Bay wird auf einer Seite durch einen wunderschönen Streifen unberührter kristalliner Sanddünen vom Pazifik getrennt. Er ist ein Naturreservat und die Heimat verschiedener Wildtiere. Auf Vorschlag eines der Einheimischen hin beschlossen wir, uns die Zeit zu nehmen, den abgelegenen Strand auf der anderen Seite der Bucht zu besuchen. Man hatte uns versichert, dass er die lange Wanderung mehr als wert sei und uns direkte Sicht auf eine Gruppe von Buckelwalen bieten würde, die dort häufig nahe an die Küste herankamen.

Wir machten uns in unserem Boot auf den Weg. Oben auf einer Sanddüne thronte hoheitsvoll ein einsamer Kojote, als wäre er der Wächter der heiligen Pforte in dieses unberührte Stück Natur, und als wir ihn passiert hatten, legten wir an und gingen zu Fuß weiter. Die anstrengende Wanderung zum Küstenstreifen auf der anderen Seite führte uns über einen Kilometer weit durch eine fast schon unheimliche Dünenlandschaft. Sie war so ursprünglich und still, dass sie etwas Mystisches an sich hatte – eine Welt, in der die Elementargeister noch ungestört mit den Kojoten und Luchsen, den Reihern, Pelikanen und Möwen spielen konnten. Eine Welt ohne den Lärm und das Chaos, die die meisten unaufmerksamen Menschen unwillkürlich verbreiten, sobald sie in den Gärten Eden der Erde ihre Picknickkörbe auspacken.

Als wir schließlich den Strand auf der anderen Seite der Dünen erreichten, entdeckten wir zu unserem Erstaunen Reichtümer über

Reichtümer, die einfach so im Sand verstreut lagen. Muscheln aller Art und Größe verrieten uns, wie reich und vielfältig das Leben in den Gewässern dieser Gegend ist, und wir nahmen uns viel Zeit, sie alle zu würdigen. Wir waren wie Kinder, die das Schatzkästchen durchsuchten, das dort unter der strahlenden Sonne glitzerte. Serena fand ein vollständiges Skelett einer Riesenschildkröte, und bald kam uns der Gedanke, dass wir uns womöglich auf einer Art Tierfriedhof befanden, da wir ganz in der Nähe noch weitere Schildkrötenknochen entdeckten.

Die Muscheln waren von unglaublicher Vielfalt, aber es gab auch Sanddollar in der Größe von Esstellern und leuchtend bunte Seesterne, die in der schimmernden Brandung blinkten und von der vollkommenen Kunstfertigkeit der Natur erzählten. Und wie man es uns versprochen hatte, tanzten die Buckelwale in all ihrer Anmut und Lebensfreude für uns.

Direkt neben unserem Zeltplatz entdeckten Serena und ich etwas Knochenähnliches, das aus dem Sand herausragte. Serena wollte den Gegenstand näher untersuchen und entfernte vorsichtig den Sand darum herum – bis wir vor einem vollkommen unbeschädigten Delfinschädel standen!

Man kann sich wohl denken, dass mir der Anblick den Atem raubte. Wie groß war schon die Wahrscheinlichkeit, einen perfekt erhaltenen, fast vollständig im Sand begrabenen Delfinschädel von über einem halben Meter Länge zu finden?

Ich ließ mich hinreißen von der Symbolhaftigkeit dieser erstaunlichen Entdeckung. Mir war absolut klar, dass sie viel mehr zu bedeuten hatte, als Worte, ja selbst Gedanken, jemals beschreiben könnten. Die Delfinwelt – Superbewusstsein in physischer Form – hatte mir eine Botschaft zukommen lassen, ein Geschenk, das mir Anerkennung verlieh! Ich konnte kaum fassen, was für einen bedeutsamen und wichtigen Fund wir da gemacht hatten.

Vorsichtig entfernte Serena den restlichen Sand und den Schutt, der sich in der Schädelhöhle angesammelt hatte. Dann nahm sie ihn behutsam aus seiner heiligen Grabstätte. Die Familie und die entfernten

Verwandten dieses edlen Geschöpfes, die ganz in der Nähe noch immer durch die Ozeanwellen schwammen, konnten zweifellos spüren, was wir gerade erlebten, als der Schädel sein sandiges Grab verließ und ins Licht zurückkehrte.

Ich hoffte, dass es kein Sakrileg war, diesen Schädel aus seiner irdischen Ruhestätte zu entfernen.

Serena sah liebevoll zu mir auf. Es war, als könne sie meine Gedanken lesen. Dann reichte sie mir den Schädel. »Wir wissen, dass du ihn haben sollst, Patricia«, sagte sie. »Er ist Teil von dir und deiner Arbeit, und sie wissen, dass du den Schädel ehren wirst.«

Ich begriff, dass dies ein heiliger Ausdruck von Spirits Selbstlosigkeit und Großzügigkeit war. Und doch konnte ich noch immer nicht glauben, dass mir ein solches Geschenk gemacht wurde.

Ich wiegte den Schädel in meinen Armen, spürte, wie die Seele des Delfins in mich eintrat. Es war die erstaunlichste Erfahrung geistiger Verbundenheit, die ich jemals in meinem Leben gemacht habe. Ich erhielt das gewaltige Geschenk, diese herrliche Kreatur vor meinem inneren Auge sehen zu dürfen, und sie war voller Freude und Lebenslust. Mir wurde klar, dass es sich bei dem, was ich gerade durchlebte, um einen vollständigen Kreis handelte – ein körperlich spürbares Zeichen und die physische Manifestierung einer bemerkenswerten Verbindung, die mit jedem neuen Tag, mit jeder neuen Erfahrung weiter wächst. Eine Verbindung, die ich in aller Klarheit mit diesen Geschöpfen teile.

Von den verzweifelten und schmerzerfüllten Botschaften, die mich durch den Äther erreicht hatten, in den ich in ihrer Stunde der Verzweiflung transportiert worden war, bis hin zu diesen von Freude erfüllten Tagen – erneut befand ich mich »mit« ihnen im Licht, folgte ihnen hinaus auf die offene See, wo sie in reiner Freude über all das, was Gaia zu geben hat, auf den Wellen der Kosmischen See tanzten.

Wir hatten eine Brücke geschlagen.

Aus Sicht der Schamanen zeigen uns derartige Geschenke die Kraft der heiligen »Tiermedizin« und lehren, nein: ***fördern*** *die wundervolle Reise, die das Leben ist.*

Sie sind für uns wahrnehmbare Zeichen, Botschaften und Verbindungen von der anderen Seite der Regenbogenbrücke – das quintessenzielle Wunder einer Welt, die wir erst in Ansätzen erkundet haben, die wir aber hin und wieder berühren – wie demütige Magier.

Nach dieser bemerkenswerten Erfahrung in Magdalena Bay war ich bereit, in die blaue Wildnis einzutauchen und im offenen Meer mit den Delfinen, wenn möglich sogar mit den Walen zu schwimmen. Ich war mir sicher, dass ich zu diesem Punkt geleitet worden war. Der Schädel war für mich die endgültige Bestätigung, dass ich eine direkte Verbindung aufgenommen hatte – dass ich umgeben war vom Licht der Delfine. Ich fühlte mich, als hätten sie mir eine wundervolle Einladung zukommen lassen, ihnen unter ihren eigenen Bedingungen nahe sein zu dürfen: ohne Grenzen, ohne Beschränkungen, ohne Einschränkung.

Mittlerweile hatte ich sehr viel Zeit damit verbracht, auf den Ozeanen herumzusegeln, war den Cetaceanern mit dem gebührenden Abstand gefolgt, hatte aber trotzdem genug Nähe gewonnen, um mich mit ihnen verbinden zu können. Und ich sehnte mich danach, ihnen noch näher zu kommen. Doch einfach so von einem Boot aus in die hohen Wellen zu springen, war eine gewaltige Herausforderung für meine Willensstärke. Ich musste das überwinden, was ich eigentlich gern als »gesunden Respekt« vor dem Meer bezeichnen würde, was in Wahrheit aber eine tiefverwurzelte Angst vor der Tiefe ist, von der ich mich niemals hatte lösen können. Mit Sicherheit war sie entstanden, weil ich zu viele Geschichten über Weiße Haie gehört hatte – aber, wie bereits erwähnt, auch durch meine uralten Erinnerungen daran, wie ich während einer der vielen Lebenszeiten, die ich in der Alten Welt verbrachte, in Atlantis ertrank.

Es waren die Delfine selbst, die mir zeigten, auf welche Weise ich diesen Übergang vornehmen sollte. In einer meiner Channeling-Sit-

zungen mit den Großen Walen und Delfinwesen erhielt ich Anweisung, den Delfinschädel mit aufs Meer hinauszunehmen – in die Wasser von Atlantis – und dass ich dort auf meine Delfinsippe warten solle.

Jahre zuvor hatte ich die Anweisung erhalten, zwölf Kristallschädel nach Palenque zu bringen, wo ich zeremoniell arbeiten sollte, um der Erscheinung des dreizehnten Schädels den Weg zu bereiten. Und so war es auch gekommen: Der Maya-Schamane, der den dortigen Tempel bewachte, schenkte mir einen seiner eigenen alten Schädel. Mir war klar, dass diese beiden Ereignisse in irgendeiner direkten Verbindung zueinander stehen mussten. Wieder einmal würde ich einen Schädel auf eine transatlantische Reise mitnehmen.

Die Botschaft der Großen Wale und Delfinwesen war kryptisch, offensichtlich fehlten wichtige Details, angefangen bei so einfachen Informationen wie der Frage, wo sich die Wasser von Atlantis überhaupt befanden. Aber durch die jahrelange Arbeit mit den Sirianern wusste ich, dass ich einfach nur mein logisches Denken abschalten musste, um empfänglich zu werden für die Energiefelder, die sich durch mein Erfahrungsfeld bewegen. So kann ich das extrahieren, was auch immer ich gerade für mein Leben brauche: indem ich der Führung folge und »im Augenblick« verharre.

Ich stellte mir vor, wie schwierig sich der Versuch gestalten könnte, einen fast sechzig Zentimeter langen Delfinschädel durch die Flughafenkontrollen zu transportieren, und spürte auch, was für eine Angst ich haben würde, ihn zu verlieren. Doch dann musste ich über meine eigenen Gedankengänge lachen. Denn es war klar, dass der Schädel mit großer Wahrscheinlichkeit dazu bestimmt war, ins Meer zurückzukehren. Ich war nur die Brieftaube, die ihn vom Pazifik bis zum Atlantik bringen würde – dem Ozean von Atlantis. Ich diente einem höheren Zweck, einem Delfinzweck.

Kurz nach meiner Rückkehr aus Cabo fing ich an, regelmäßig von Atlantis zu träumen. Solche Phasen hatte es in meinem Leben immer wieder einmal gegeben. Viele meiner Kindheitsträume hatten von einem gewaltigen Tsunami gehandelt, von einer gigantischen Flutwelle, die eine gesamte Zivilisation auslöschte und in der ich ertrank.

In meinen jetzigen Träumen aber war ich draußen bei den Delfinen. Wir waren umgeben von Licht, und wir schwammen frei und voller Freude durchs offene Meer. Wir kommunizierten unentwegt miteinander, lachten viel. In einem dieser Träume, dem seltsamsten von allen, hatte ich einen menschlichen Körper, doch auf meinem Hals saß der Delfinschädel, den ich aus Magdalena Bay mitgebracht hatte. Die Delfine umringten mich neugierig, sie blickten in die Augenhöhlen hinein, die zu meinen eigenen geworden waren. Im Traum waren die Delfine mir so nahe, dass ich vollkommen mit ihnen zu verschmelzen glaubte – körperlich, vor allem aber emotional.

Es fiel mir unendlich schwer, zu erwachen, so groß war mein Verlangen, meinen Träumen über den Regenbogen zu folgen, wo ich eines Tages die Freiheit haben werde, immerfort mit den Delfinen zu schwimmen.

Bald darauf begriff ich, dass der kosmische Pfeil, der mich während meiner ganzen Zeit der Kontaktaufnahme mit den großen Meeressäugern stets geführt hatte, auf einen Hafen der neun Azoreninseln wies. Diese sind meiner Meinung nach die Überreste des Kontinents von Atlantis – die Gipfel einer versunkenen Gebirgskette, die sich von Grönland bis nach Südamerika erstreckt. Diese Inseln liegen vor der Straße von Gibraltar, die Platon einst als »die Säulen des Herkules« bezeichnete. Sie markieren einen wichtigen strategischen Punkt auf dem Mittelatlantischen Rücken, an dem mit einiger Wahrscheinlichkeit Poseidonis lag, das Zentrum der Zivilisation von Atlantis. Dies deckt sich mit meiner Überzeugung, dass der atlantische Kontinent Händlern, Abenteurern und Priestern leichten Zugang zu Europa, Nordamerika, Afrika (Khemit) und Südamerika bot, wo sie ihren Einfluss verbreiten konnten.

Das warme Wasser des nahe vorbeifließenden Golfstroms, die geologischen Bedingungen des Archipels und die reichen Nahrungsgründe locken die Cetaceaner in die Gewässer rund um die Azoren. Die Möglichkeiten, Delfinen und verschiedenen Walarten zu begegnen, sind dort fast grenzenlos – und außerdem sind die Azoren meiner Meinung nach der Ort, an dem ich schon einmal gelebt und mit mei-

ner Delfinsippe durch den Ozean geschwommen bin, damals, als wir als Spezies noch jung und unverdorben waren.

Ja: Das war das Ziel für meine nächste Reise. Der Ort, an dem ich im offenen Meer mit Delfinen schwimmen würde, diesmal nicht umgeben vom Tod, sondern von einer ganzen Delfinschule voller Leben. Diesmal würde ich mich von ihrem Licht und ihrem Lied tragen lassen, nicht von ihrem Leid und ihrer Resignation.

Diesmal würde ich das Lied der Delfine so hören, wie es ***wirklich*** *gesungen wird.*

Vier

Im wilden Wasser von Atlantis

Einige Monate nach meiner Rückkehr aus Baja machte ich mich auf den Weg zu den Azoren. Ich war mir sicher, dass es mir von dort aus gelingen würde, Atlantis wiederzuentdecken. Meiner Meinung nach handelt es sich bei den idyllischen neun Azoren-Inseln um Berggipfel des antiken Kontinents, die noch heute aus dem tiefen blauen Wasser des Atlantiks emporragen. Sie liegen etwa 1.500 Kilometer westlich von Lissabon und 3.850 Kilometer östlich von Nordamerika.

Als mein Flugzeug über diese außergewöhnliche Inselgruppe flog, wurde etwas in mir aktiviert – etwas Gewaltiges. Der Vulkan der Insel Pico, der höchste Punkt der Azoren, stach durch die Wolkenschicht wie ein anderweltlicher Torwächter, der die Besucher aus entfernten Welten und Zeiten begrüßt. Als wir in den Sinkflug gingen und uns auf die Landung vorbereiteten, hatte ich das Gefühl, den Planeten so zu sehen, wie er vor langer Zeit einmal war – in einer Zeit, in der viele von uns schon einmal gelebt haben und an die wir uns tief in uns noch immer erinnern können: die Reflektionen einer Vergangenheit, die noch heute durch das Wasser unserer Seele schimmert. So majestätisch waren die Vulkangipfel der Inseln, so reich die Farben der unberührten Landschaft, so rein das Blau des Meeres.

Ich wusste sofort und mit absoluter Sicherheit, dass ich auf die Überreste von Atlantis hinabblickte – das Land der Wunder lang vergangener Zeiten.

Eine Welle von Emotionen stieg in mir auf: Da war ein Gefühl des »Wissens«, aber auch der Nervenkitzel, den die Abenteuer und der Ent-

deckergeist mit sich bringen, die meine Reise durch dieses Leben gekennzeichnet und mir so viel Freude und Dankbarkeit gegeben haben für das große Geschenk, das es bedeutet, einfach nur am Leben zu sein.

Die Inseln sind erstaunlich schön: Jede hat ihr eigenes Mikroklima, Landschaften voller Vulkane und Höhlen und eine reiche Flora und Fauna, die der alten Welt alle Ehre gemacht hätte. Über die Landschaft sind nur sehr wenige Häuser und Gebäude verstreut. Das Gleichgewicht zwischen Natur und Menschheit ist hier noch so, wie es sein sollte. Allen Menschen, denen ich dort begegnet bin, habe ich ihre Liebe zur Natur und zum Meer anmerken können. Für viele der Glücklichen, die sich entschieden haben, ihr Leben dort zu verbringen, so nahe bei den Delfinen und Walen, ist es ganz normal und natürlich, mit den Meeressäugern zu schwimmen – genauso, wie es einst in Atlantis war.

Nachdem ich in Horta auf der Insel Faial gelandet war, musste ich mit der Fähre auf die magische Insel Pico überwechseln, wo der große Vulkan die Landschaft dominiert. Vom Wasser aus empfand ich den Anblick des Vulkans als nicht minder magisch. Es war, als würde er mir von einem Ort erzählen, an dem ich früher schon einmal gelebt und den ich sehr geliebt habe.

Als sich die Fähre dem Hafen näherte und die Sonne ihre langen, trägen Abendstrahlen auf die Küste vor uns warf, sprangen direkt vor dem Schiff zwei Große Tümmler in die Luft. Aus dem Wenigen, was ich von den portugiesischen Gesprächen um mich herum verstehen konnte, schloss ich, dass die Einheimischen auf der Fähre ebenso erstaunt über das Geschehen waren wie ich. Offenbar kam es nur sehr selten vor, dass sich Delfine so nahe am Hafen zeigten. Ganz selbstsüchtig genoss ich die romantische Vorstellung, dass mich die Delfine zu Hause willkommen heißen wollten und dieser besondere Augenblick ein Vorbote all der Magie sei, die noch folgen würde.

Mit der Hilfe von CW Azores, einer Gruppe ganz fantastischer Führer, die nichtinvasive Touren zu Walen und Delfinen anbieten, fuhr ich gleich am Tag nach meiner Ankunft hinaus auf den »Ozean von Atlantis«, um mich zu den Cetaceanern zu gesellen.

Das Wasser war glasklar, und während das Zodiac-Boot durch die Wellen pflügte, brach sich das Sonnenlicht wie Diamantsplitter auf dem Meer.

Schon in den ersten Stunden begegneten wir den verschiedensten Arten von Meeressäugern: Pottwale, Grindwale, Bartenwale, Rundkopfdelfine, Gemeine Delfine und Große Tümmler. Auch einer der seltenen Fliegenden Fische sprang direkt vor dem Zodiac aus dem Wasser. Unechte Karettschildkröten schwammen an uns vorbei; Gelbschnabel-Sturmtaucher flogen über uns hinweg, tauchten auf der Suche nach Beute ins Wasser ab und wieder auf.

Es wäre untertrieben, zu behaupten, dass das Meer rund um die Azoren für die Großen Wale und Delfinwesen sowie andere gefährdete Meeresbewohner ein sicherer Hafen ist. Dort gibt es Leben im Überfluss, und die Walfänger von einst bewachen die See heute mit ganz besonderer Hingabe – der Beweis, dass wirkliche Veränderung möglich ist!

Anders als beim kommerzialisierten Whale Watching in den beliebteren Urlaubszielen wie Cabo San Lucas und Vancouver Island gibt es hier nur wenige Boote, die Touren zu den Walen und Delfinen anbieten. Die Touren werden von Führern betreut, die besonders auf Nachhaltigkeit, den Schutz der Cetaceaner und die Gesundheit der Ozeane bedacht sind. Durch den ganzjährigen Ökotourismus gibt es auf den Azoren kaum finanzielle Probleme, so dass die Jagd auf Cetaceaner-Gemeinschaften hier kein Thema ist.

Zumindest im Augenblick sind die Großen Wale und Delfinwesen hier sicher. Tragischerweise migrieren aber viele von ihnen nach Grönland, wo sie den Harpunen zum Opfer fallen. Viele von ihnen werden niemals zurückkehren.

Eine Zeitlang war unser Boot von schätzungsweise 200 Gemeinen Delfinen umgeben, die gekommen waren, um uns unter die Lupe zu nehmen! Ich fragte mich, ob sie wohl die Präsenz des Delfinschädels an Bord spüren konnten. Ob sie wussten, dass er ein Gesandter aus alten Zeiten war, der um die ganze Welt gereist war, um bei ihnen sein zu können. Sie sprangen und tanzten, schnatterten und pfiffen vor Aufregung und blieben eine gefühlte Ewigkeit lang in unserer Nähe. Was für eine Zusammenkunft! Noch nie zuvor hatte ich aus so kurzer Distanz eine so große Schule erlebt. Ihre Energie war vollkommen berauschend.

Auch wenn man ihre mystischen Klänge außerhalb des Wassers nicht hören kann, sind sie doch spürbar. Man kann fühlen, wie sie sich durchs Wasser und die Luft bis ins eigene Herz fortbewegen. Ich zweifle keine Sekunde daran, dass ihr Hochfrequenz-Sonardatentransfer nicht aufs Wasser begrenzt ist. Ich glaube auch, dass die verspielte Interaktion der Delfine mit uns Menschen durch die Wirkung dieser teils hörbaren, teils nicht hörbaren Klänge verstärkt wird und dass diese Klänge uns auf einer höheren Ebene zwischenartlichen Kontakts durchdringen – auch wenn wir noch lernen müssen, diese Ebene zu verstehen.

Die Klänge der Cetaceaner scheinen die menschliche Seele in einen unermesslichen Glückszustand zu versetzen. Sie stellen eine vollkommene Verbindung zu jenem schwer greifbaren Ort in uns her, an dem unser Wissen und unserer innerer Frieden gespeichert sind – dem Ort in uns, den wir in diesen Zeiten des Chaos gern wiederentdecken und zurückerobern wollen. Es ist ein geradezu ekstatischer Seinszustand, in dem ich mich mehr und mehr wiederfinde, sobald ich in die Welt der Cetaceaner eintauche.

So sehr ich mich auch bemühe: Ich finde keine Worte, um die Freude und das Staunen zu beschreiben, die ich empfand, als ich dort bei ihnen war – mitten im Meer, umgeben von Hunderten von Delfinen und ihren Kälbern: diese riesige Gemeinschaft von Wasserwesen, verspielt, neugierig und offen auf der einen Seite, und auf der anderen Seite wir: respektvolle Suchende, die sich danach sehnen, ihnen nahe zu sein. Die ihre unschuldige Schönheit, ihre Weisheit und die Vollkommenheit der wundervollen Geschenke dieser Erde zelebrierten.

Die Verbindung zu den Delfinen wird auf einer tiefen Ebene spürbar – an einem Ort, an dem das übergeordnete Bewusstsein allen Lebens jedes Gefühl des Getrenntseins außer Kraft setzt. Dieses Gefühl des Eins-Seins ist der ultimative Zustand freudvoller Hingabe.

Es sind Erlebnisse, die ich nur als »Offenbarungen« von gewaltigem Ausmaß beschreiben kann: Augenblicke unbeschreiblichen Gewahrseins, als würde man an einem Wunder teilhaben.

Diese Augenblicke sind wie kristalline weiße Sandkörper im Stundenglas des Lebens. Denn für einen winzigen Moment gewähren sie uns einen Blick darauf, wer wir wirklich sind und dass alles, was uns umgibt, in Wahrheit eins ist.

So kam es, dass ich ausgerechnet in Atlantis zum ersten Mal in freier Wildbahn mit den Delfinen schwamm. Dort, wo ich genau wie sie einst gelebt hatte, wo ich genau wie sie lange Zeit unter der Wasseroberfläche ausharren konnte, ehe ich auftauchen musste, um nach Luft zu schnappen.

Wie prophetisch.

Es war hier in Atlantis, wo sich die Angst vor tiefem Wasser in mich eingepflanzt hatte – und hier würde ich sie auch wieder überwinden, und zwar für immer. Meine Angst vor Brücken, deretwegen ich kaum über die San Francisco Bay fahren konnte, bis hin zu meiner Panik davor, mitten im Atlantik aus einem Boot zu springen: Ich würde alles abschütteln, was von diesen uralten karmischen Banden übrig war, und mich für immer aus dem festen Griff befreien, in dem sie mich hielten. Ich hätte mir keinen besser geeigneten Ort für diese tiefgreifende Heilungsreise vorstellen können als das Inselreich der Azoren: die Berggipfel des versunkenen Kontinents von Atlantis.

Am nächsten Morgen schoss ich meine Urangst und alle Vorsicht einfach in den Wind, legte die Ausrüstung an und fuhr wieder aufs offene Meer hinaus. An diesem Tag war die See rau, die Bedingungen waren weitaus weniger idyllisch als am Vortag. Wie angewiesen hatte ich den Delfinschädel bei mir. Der Kapitän, das Team von Mitarbeitern, die mich betreuten, und ich entfernten uns sehr weit vom *nächsten Hafen. Die Vigia, also die Wal- und Delfinsucher der Insel, lotsten uns an einen Ort etwa eineinhalb Kilometer vor der Küste, an dem sich eine Schule von Großen Tümmlern aufhalten sollte.*

Und dann sprang plötzlich genau vor dem Boot erst ein, dann ein zweiter Delfin aus dem Wasser. Es war, als wollten sie uns in ihr Reich führen. Wenig später waren wir von der gesamten Schule umgeben. Einige der Delfine kamen so dicht an unser Boot heran, dass sie buchstäblich zum Greifen nah waren. Es mussten mindestens 50 dieser wunderschönen Wesen sein, nicht nur ausgewachsene Exemplare, sondern auch einige Junge. Sie sprangen herum, spielten, begrüßten unser Schiff. Manchmal sprangen drei oder vier von ihnen gleichzeitig aus dem Wasser, als wollten sie uns zeigen, dass wir willkommen waren. Verspielt und freudvoll kreisten sie um uns herum, und ich konnte spüren, dass unsere Anwesenheit sie genauso erfreute wir uns die ihre.

Die Zeit war gekommen, meinen ersten Sprung in die Tiefe des Ozeans zu wagen und im offenen Meer mit den Delfinen zu schwimmen.

In diesem Moment verspürte ich einen starken Impuls, den Schädel auf dem Boot zurückzulassen, wo er in Sicherheit war. Ich hatte Bilder vor Augen, wie er sich in die Gummi-Ummantelung des Zodiac bohrte und es versenkte, während ich versuchte, mit ihm zusammen aus dem Boot zu klettern. Außerdem wollte ich mich nicht damit ablenken, den Schädel im Wasser händeln zu müssen. Immerhin war ich noch nicht sehr erfahren im Umgang mit der Taucherausrüstung, und mit dem offenen Meer war ich überhaupt nicht vertraut.

Ich ließ mich über die Schiffsseite gleiten. Furchtlos tauchte ich ein ins tiefe Wasser, Meilen entfernt von der Küste, Meilen entfernt vom Meeresboden, umgeben von einer Schule von 50 oder mehr Delfinen.

Was ich durch meine Tauchmaske in der Tiefe unter mir sehen konnte, kann ich nur als »himmlische Vision« all dessen bezeichnen, was die Schöpfung ausmacht: Die Lichtstrahlen brachen sich im Wasser, das Licht schien die Wellen bis in eine Tiefe von etwa zehn Metern förm-

lich zu durchströmen. Erst dort ging es in sanfte Dunkelheit über. Mein Herz raste, als ich die Pfiffe der Delfine hörte. Doch ich konnte keinen einzigen von ihnen sehen. Dieser Augenblick hat sich tief in mich eingegraben. Mir kam es vor, als befände ich mich auf einer unbeschreiblichen Astralreise, die neu für mich war, an die ich mich aber dennoch »erinnern« konnte.

Und dann tauchten unter mir zwei Delfine im Licht auf. Sie schwammen empor aus der Tiefe, die das ätherische Leuchten der gesegneten Sonnenstrahlen nur selten erreicht.

Sie waren verspielt, aber wachsam. Sie kamen nahe genug heran, dass wir einander in die Augen sehen konnten – neugierige Beobachter aus unterschiedlichen Welten. Und all das fand zu ihren Bedingungen statt! Die beiden Wachposten umkreisten mich, dann verschwanden sie wieder hinter dem türkisfarbenen Schleier der Tiefe. Sie schienen den Rest der Schule zu bewachen, und ich hatte den Eindruck, dass sie den übrigen Delfinen signalisierten, dass ich ihre Prüfung bestanden hatte und man sich mir gefahrlos nähern konnte. Und dann kamen sie: zehn auf einmal, die mich mit ihrem klingenden Gelächter und dem Licht ihrer Liebe umgaben.

Niemals hätte ich zu träumen gewagt, dass mein erster Besuch in der Delfinwelt zu einer solchen Begegnung werden würde!

Ich versuchte, mich zu erinnern, wie man durch den Schnorchel atmet. Ich befand mich in einem Zustand ekstatischer Freude, der etwas Surreales an sich hatte. Das hier ging weit über alles hinaus, was ich jemals zu träumen gewagt hätte! Um mich herum und unter mir waren so viele Delfine, und es war Freude, die sie mit mir teilten – keine Angst, kein Schmerz. Nur reine, grenzenlose Liebe und Freude.

Immer wieder kamen sie aus der trüben Tiefe zu mir ins Licht geschwommen, wie Geister in einem verstaubten Spiegel. Und dann kam der berauschendste Augenblick dieser Begegnung: Ein Delfin schwamm neben mich, streifte absichtlich meinen Körper, ganz sanft nur, aber eindeutig in der Absicht, Kontakt zu mir aufzunehmen. Es war elektrifizierend! Dann sprang er direkt über mir aus dem Wasser, über mich hinweg und tauchte neben mir wieder ein. Mir kam es so vor, als hätte er ein Ritual vollzogen, durch das ich vollkommene Akzeptanz erlangt hatte. Er sah mir geradewegs in die Augen, dann schwamm er davon.

Die Leute auf dem Boot hatten beobachtet, was geschehen war. Offenbar verhalten sich Delfine in freier Wildbahn nur selten so. Das Team auf dem Zodiac versicherte mir jedenfalls, noch nie etwas Ähnliches beobachtet zu haben. Wenn nur die Kameras funktioniert hätten! Wie gern hätte ich diesen Augenblick einfangen lassen, damit ich ihn mit allen Menschen teilen kann!

Innerhalb weniger Minuten zählte ich mindestens zwölf Große Tümmler direkt unter mir. Es war deutlich, dass sie mit mir kommunizierten. Ich spürte ihre Sonarwellen durch mich hindurchdringen, als sie mithilfe ihrer Echolote herauszufinden versuchten, was für eine Art von Kreatur da über ihnen im Wasser schwamm. Vielleicht tasteten sie auf diese Weise auch mein Herz ab, um den Gefühlsfluss sehen zu können, den ich zu ihnen aussandte. Denn wir wissen ja, dass sie die Fähigkeit haben, das »Innere« von Lebewesen ebenso deutlich zu sehen wie ihre äußere Form.

Ich wusste, dass all meine Gefühle durchs Wasser hallten, genau so, wie ihre Klänge Musik um mich herumwebten. Meinem Herzen entströmte der Gedanke: »Du sollst wissen, dass viele von uns dich lieben … Wir lieben dich.«

Eines der Kälber kam ganz nahe an mich heran. Seine Mutter schwamm direkt unter mir, und als sie zu mir aufsah und ihrem Jungen ein Zeichen gab, schien sie zu sagen: »Wir können deine Liebe spüren.« Obwohl ich wusste, dass ich nicht versuchen sollte, sie oder ihr Kind zu berühren, streckte ich die Hand aus, und sie entfernten sich aus meinem Sichtfeld.

Und dann, so schnell, wie sie gekommen waren, waren die Delfine wieder fort.

Der Kapitän rief mich an Bord. Das Team half mir auf das Zodiac. Mein unvergessliches Erlebnis hatte mich so euphorisch gemacht, dass ich nicht mehr zurückwollte und mir stattdessen vorstellte, dass ich einfach mit den Delfinen wegschwimmen könne.

Das Team auf dem Boot unterhielt sich aufgeregt darüber, wie der Delfin über meinen Körper hinweggesprungen war. Sie sagten wieder und wieder, wie selten es vorkäme, dass sich ein Delfin in freier Wildbahn so benimmt.

Auch ich konnte kaum glauben, was gerade passiert war. Wie in aller Welt sollte ich all die Liebe und Freude in meinem Herzen in Worte fassen?

Diese ersten Stunden bei den freilebenden Delfinen gaben mir all die Liebe und den Mut, die ich brauchte, um ihre Botschaft in die Welt hinaustragen zu können. Sie schenkten mir den emotionalen Kern, an dem ich mich jetzt festhalte, wenn ihre Rufe zu schmerzvoll und verängstigt sind. Er verleiht mir ein Gefühl der Kraft, den Glauben daran, dass wir die Notlage, in der sich unsere Ozeane befinden, bekämpfen können. Dass wir die Großen Wale, die Delfinwesen und all die anderen gefährdeten Meeresbewohner gegen alle Wahrscheinlichkeit vor dem Aussterben bewahren können.

So düster all das, was sich in den Ozeanen dieses großen Erdballs entfaltet, auch sein mag: Ich glaube, dass wir den Verlauf der Dinge umkehren können. Trotz der Sonartests des Militärs, der Ölkatastrophen, der Invasion in die sicheren Häfen der Cetaceaner. Trotz all der Umweltverschmutzung, des Giftmülls und des sinnlosen Tötens – trotz allem glaube ich, dass wir den Ausgang dieser Geschichte verändern können.

Ich glaube an die menschliche Seele – daran, dass sie sich im Angesicht der Not erhebt und den Ruf beantwortet.

FÜNF

Bevor wir euch verlassen

Die Aufgestiegenen Wale und Delfine sprechen

Wir, die heute zu euch sprechen, haben die Erdzone schon vor langer Zeit verlassen. Wir haben unsere geliebten türkisfarbenen Meere des blaugrünen Planeten hinter uns gelassen. Wir sind in weniger dichte Lichtreiche überführt worden, in denen wir als sich weiterentwickelnde Seelen keine physische Form mehr besitzen. Wir glauben, dass ihr diese Welt als die »sechste Dimension« kennt.

Wir sind die entfernten Urahnen zahlloser Generationen von Q'iquoq'i *[ausgesprochen: khi'-ih-KWO-khi'-ih]*, insbesondere jener Arten, die ihr als »Wale« oder »Delfine« bezeichnet. Von jeher haben sie das Licht universellen Bewusstseins durch die Ozeane Gaias gewebt. Und sie versuchen noch immer, den emotionalen Körper eures Planeten im Gleichgewicht zu halten – in gegenseitiger Harmonie mit dem größeren Körper dessen, was ihr das »Sonnensystem« eures Sonnensterns nennt.

Wir haben die Ehre, gemeinsam mit den Abgesandten von zahlreichen hochentwickelten Zivilisationen im Hohen Rat vom Sirus zu sitzen. Wir alle sind Repräsentanten einer vielfältigen Auswahl aufgestiegener Arten, die im Dienst zahlreicher himmlischer Gottheiten (also Planeten, die eurem nicht unähnlich sind) im Kosmos standen. In den dreidimensionalen »Zeit«-Konfigurationen, wie sie sich auf der irdischen Ebene präsentierten, dienten diese Arten den Gottheiten über Millionen Jahre der Evolution hinweg.

Wir sind ein Komitee von Aufgestiegenen Ältesten der Cetaceaner, die sich dem Hohen Rat vom Sirius angeschlossen haben. Wir dienen als Wächter einer bestimmten Form von himmlischen Schwingungswellen, die von unserer Familie der Lichtweber ins materielle Universum abgegeben werden. Diese Schwingungswellen werden dann als Musik interpretiert und über die energetischen Schnellstraßen des Planeten in die Ozeane und mitten durch den Kern der Großen Göttin gesendet.

Die verschiedenen Spezies unserer Sippe sind die Musiker des harmonischen kosmometrischen Designs, durch das die Schwingungsmuster des Bewusstseins auf allen Existenzebenen erhöht werden. Sie alle haben ihren Beitrag dazu geleistet, die Unversehrtheit verschiedener Planeten sicherzustellen, indem sie die emotionalen Körper dieser Planeten mit den Gutenachtliedern der Ahnen und der ewigen Musik der unendlichen Möglichkeiten beruhigten – einer Musik, die die Schwingungssaiten der Kosmischen See anschlägt.

Diejenigen unter uns, die im Rat sitzen, sind in dieses weniger dichte Lichtreich aufgestiegen, als der Stern des Sternensystems Sirius vorüberzog, den ihr als Satais bezeichnet. Er ist eines der drei himmlischen Feuer in der sirianischen Sternenfamilie. Auf verschiedenen Planeten im Körper unseres Sonnensterns Satais, wo wir noch immer physische Form aufwiesen, konnten wir in Freiheit singen und tanzen und grenzenlos lieben. Als Q'iquoq'i vom Sirius hatten wir die Freiheit, unser größtes Potenzial zu entfalten. Wir waren intelligente Geschöpfe in einer Zone völliger Willensfreiheit. Einer Zone, die allen bewussten Seelen einen Spielplatz einräumt, auf dem sie die »Ich bin«-Erfahrung durchleben und feiern können.

Unsere Reichweite war so groß, dass unsere Musik an jedem Himmel als Begleitung zur Sphärenmusik erklang.

Wir waren sirianische Meister, die als wunderschöne Spirits verehrt wurden. Wir hatten die Ehre, uns zu den intelligentesten aller Lebensformen in diesen Reichen zählen zu dürfen. Wir wurden auch als Spirit-Botschafter des Lichts und der unendlichen Liebe der Schöpfung geliebt.

So verhielt es sich auf dem Planeten Erde, vor sehr langer Zeit, in den endlosen Stunden der Evolution eurer Gottheit. Für ihre unendlichen Ozeane und die wundervolle Vielfalt an Leben in ihnen hat es zu keiner Zeit eine Phase mit gefährlicheren Konsequenzen gegeben als diese – die Stunde der Konsequenzen. Der Notzustand, in dem sich die Ozeane befinden, ist dringlicher als alle anderen Sorgen eurer Zivilisation, so viel ökologische Zerstörung euch auch umgeben mag.

Der Mensch hat dem Planeten der Meere den Krieg erklärt. Und ihr seid nun in einer extrem zerstörerischen Phase angelangt. Die Hilferufe schallen durch die Reiche höheren Bewusstseins, und langsam begreift ihr, dass die Q'iquoq'i Gaias ihren endgültigen Abgang vorbereiten.

Wenn nur mehr von euch die Schönheit des Meeres erleben und das Bewusstsein aller lebenden Geschöpfe anerkennen würden, die gemeinsam im Königreich der Ozeane gedeihen, dann würdet ihr ihn mit eurem Leben schützen und alles tun, um seine Unversehrtheit und sein Licht zu erhalten, damit unsere Familien und zahlreiche andere Arten euch nicht verlassen müssen.

Ganz gleich, auf welcher Station im physischen Reich wir uns auch befanden (und bis heute mitschwingen) – viele von uns sind aus dem Universum der Materie aufgestiegen und arbeiten jetzt von den höheren Reichen aus im Lichtkörper. Allerdings betrachten wir die Herrlichkeit des Lichts, das sich in den reinsten Ozeanen so vieler wunderschöner Welten bricht, denen zu dienen wir das Privileg hatten, nicht notwendigerweise als etwas »Höheres«. Jene Lebenszeiten puren Hochgefühls, in denen wir auf den Wellen endloser Wasserwelten ritten, sind für uns Zustände höchster Formvollendung: das vollkommene Hochgefühl physischer Erfahrung!

Unser Aufstieg in die sechste Dimension war nicht atemberaubender als die Erfahrung, an jenen Orten, an denen wir zu herrlichen physischen Körpern verdichtet waren, die Schwingung zu halten. Wir genossen das Leben in diesen Welten gewaltiger Schönheit – Welten, die einander in ihrer himmlischen Reflektion so ähnlich waren. Als Träger der Musik universellen Bewusstseins waren diese Lebenszeiten für uns erfüllt von der göttlichen Weisheit des Kosmos und dem Wunder, eine physische Form zu besitzen.

Wir verspürten keinen Wunsch nach »mehr«, hatten keine Erwartungen an eine »höhere« Dimension. Wir kannten die Vorstellung von Vergangenheit und Zukunft nicht. Voller Glückseligkeit genossen wir jeden Augenblick – jeden lichterfüllten, mit Liebe getränkten Moment unseres üppigen und bedeutungsvollen Lebens.

Wir liebten das Universum der Materie. Unter den vielen Phasen unserer Evolution war keine atemberaubender als jene in den Wasserreichen, in der wir mit der geheimnisvollen Dunkelheit der Tiefe ebenso freudvoll und staunend mitschwangen wie mit der durchscheinenden, lichterfüllten Oberfläche.

Die planetare Umgebung von Satais bestand aus Welten, die eurer Erde, wie unsere Familie sie seit Millionen von Jahren kennt, sehr ähnlich sind. Die Wasserwelten von Sirius waren erfüllt von Farben und Klängen und unbeschreiblichen Möglichkeiten. Die Musik der Schöpfung webte ihre Kunstfertigkeit durch alle Räume – jede Zelle, jedes Atom, jeden Gedanken und jeden Impuls.

Noch immer schwingen wir zu dem Lied und den kunstfertigen Schwingungen der Q'iquoq'i, die sich in den Wassern des dreidimensionalen Raums tummeln – wo auch immer im größeren Universum des Lebens sie stationiert sind. Nach wie vor kodiert und reflektiert ihr Lied die kosmische Weisheit in die Ozeane hinein. Nach wie vor erklingt ihr Lied im Wasser unseres Zellgedächtnisses und hallt in der Kosmischen See wider.

Aber wir sind nicht mehr so unschuldig wie damals.

Unsere Erfahrungen sind nicht mehr von derselben kindlichen Sorglosigkeit geprägt wie früher.

Wir sind deutlich vorsichtiger geworden als damals, als wir in jenen wundervollen, meisterlichen Körpern existierten und unsere Spezies ihre Jugend durchlebte. Jetzt, wo wir als Lichtkörpergeschöpfe voller Hingabe dem Hohen Rat vom Sirius dienen, widmen wir uns dem evolutionären Fortschritt von Welten wie eurer – Welten, die im Kampf zwischen Licht und Dunkel gefangen sind.

Da wir das Wesen der natürlichen Ordnung spirituellen Fortschritts begreifen, akzeptieren wir, dass Veränderung und Evolution intrinsische Aspekte kosmischen Designs sein können. Wir nehmen es aber nicht als gegeben hin, dass diese Prozesse notwendigerweise großes Leid auslösen müssen. Dennoch sehen wir unendlich viel Leid auf der Erde – und ein großer Teil dieses Leids wird durch die unbewussten und lieblosen Hände der Unerwachten unter euch in eure Welt gebracht.

Fraglos stimmt es, dass die fehlgeleiteten Mitglieder eurer Gesellschaften – von den Entscheidungsträgern und ihren extrem kurzsichtigen Beschlüssen bis hin zu den Gleichgültigen, die die Welt, die gleich hinter ihrer Türschwelle beginnt, einfach nicht wahrnehmen –, den Planeten Erde an den Rand der Vernichtung treiben.

Vor allem machen wir uns Sorgen um unsere Kindeskinder und das Trauma, das sie in den tumultreichen Stunden der Revolution, die der Erde bevorsteht, erleiden.

Wir sind uns ihres Leidens und ihrer wachsenden Resignation in Anbetracht der Verdunklung der Meere bewusst. Beides wird durch euren endlosen Verzehr der Blutgefäße der planetaren Gottheit – des Öls – verursacht. Euer Raubbau an den Ressourcen Gaias beschleunigt sich immer mehr und ist doch so vollkommen unnötig.

Ihr habt so viel von ihr genommen, dass sie mittlerweile von innen verblutet. Dennoch macht ihr immer weiter. In eurem blinden Missbrauch der planetaren Mutter, die alles Leben nährt, könnt ihr nicht einmal mehr erkennen, dass ihr euren eigenen Untergang herbeiführt.

Die menschliche Rasse ist mit sich selbst und dem größeren planetaren Feld aus dem Gleichgewicht geraten.

Die Mitglieder unserer Familie der Großen Wale und Delfinwesen, die auf der Erde stationiert sind, können nicht direkt mit euch kommunizieren. Deshalb haben sie uns gebeten, über die telepathischen Fähigkeiten unseres Mediums durch uns mit euch sprechen zu dürfen. Wir haben ihnen diesen Wunsch gewährt.

Sie haben eine dringliche Botschaft für jene unter euch, die achtsam genug sind, um zuzuhören: für diejenigen unter euch, die bewusst, liebevoll und erwacht sind; jene, die entschlossen sind, die Schwingungen der Erde in der Übergangsphase anzuheben.

Die Cetaceaner der Erde leben in einem ebenso dichten Reich wie unser Channelmedium. Dennoch können sie bis auf jene Hilferufe, die es durch das Getöse störender Klangwellen und elektromagnetischer Störungen hindurch hören konnte, nicht mit ihm sprechen. Sie ziehen es vor, ihre Botschaften an uns zu übermitteln. Sie benutzen uns wie ihr eure Satellitennetzwerke. Wir übertragen die Botschaften dann weiter an unser Medium, die Stimme des Hohen Rats vom Sirius, die unsere wichtigsten Sprecher unter dem Namen »Trydjya von Antaraas« kennen.

Wir sind die Stimme der Großen Wale und Delfinwesen von Gaia, die Q'iquoq'i, und sie wiederum ist unsere Stimme.

Zwischen unserer Familie der erdgebundenen Cetaceaner und jenen von uns, die in die höheren Dimensionen vorangeschritten sind, existiert kein Schleier. Unsere Spezies kann sich bewusst an jede Station erinnern, die wir in der Kosmischen See bewohnt haben. Zudem sind wir uns gewahr, dass wir in parallel auf all diesen Stationen ablaufenden Lebenszeiten ewig existieren. Wir kommunizieren auf allen Ebenen miteinander, denn wir sind die ernannten Klangweber durch alle Dichtegrade, alle Reiche und alle Dimensionen hindurch.

Alle Q'iquoq'i sind dazu in der Lage, unsere Gedanken zu verketten, die durch die orchestralen Klänge und Schwingungsverstärker durch das Raum-Zeit-Kontinuum übermittelt werden. Dies vollzieht sich in ähnlicher Weise, wie ihr eine Nadel durch die Stoffraster fädelt, aus denen ihr eure wunderschön verzierten, kunstfertigen Designs erschafft.

Die Q'iquoq'i aller physischen Universen nehmen die Klangfarben als Werkzeuge wahr, mit denen die materielle Welt zusammengewebt wird. Auch als körperliche Geschöpfe verstehen sie, dass alle Realität ein Wandteppich aus Licht und Klang ist – eine Reflektion des bewussten Geistes aller Schöpfung und der wundervollen Kunstfertigkeit unserer Existenz.

Die Q'iquoq'i, die sich auf eurer Erde inkarniert haben, um die planetare Gottheit bei der gewaltigen Herausforderung zu unterstützen, die Schwingungen eures Planeten zusammenzuhalten, gediehen bis vor Kurzem in der Schönheit und den erlesenen Harmonien nicht nur eurer Meere, sondern auch eurer Landmassen. Denn viele von ihnen liefen durch den Sand, atmeten die Luft ein und befuhren die Meere.

Sie sind die Musiker des emotionalen Körpers der Erde – der Gewässer. Sie lassen Gaias Seelenklänge durch den Äther zurückschallen wie einen hypnotischen Refrain, den man wieder und wieder durch den Geist, der dem Herzen innewohnt, klingen hören möchte.

In jenen Zeiten der Harmonie zwischen der Menschheit und all den Lebewesen, die eure Welt teilen, wurden die Großen Wale und Delfinwesen verehrt und gefeiert. So hob sich die Schwingung der Erde zu einer Tonlage an, die bewusste Wesen aus anderen planetaren Umgebungen innerhalb und außerhalb eures Sonnensystems anzogen. Sie erkundeten die erstaunlichen Schwingungen, die wir von der Erdstation aus in die Kosmische See hinaussandten.

Diese Geschöpfe waren die Sirenen, die in den Kosmos hinaussangen, damit die Bio-Architekten anderer Welten den Garten Eden aussuchten, um euch, die Auserwählten, gedeihen zu lassen – die Auserwählten, von denen alle hofften, dass sie als eine

Rasse *reinen wandelnden Lichts* geboren werden würden. Könnt ihr euch das vorstellen? Ohne sie wärt ihr vermutlich niemals in Gaias wärmende Umarmung gesät worden.

Sie waren schon vor langer Zeit dort – vor dem »Anfang«, falls ihr euch diese Form von Zeitlosigkeit überhaupt vorstellen könnt. Seitdem fungierten sie als Wächter des Ozean-Liedes, beobachteten, wie eure Zivilisationen gleich den Gezeiten des ewigen Meeres erblühten und vergingen. Sie erlebten euch als wandelnde Lichtwesen: von eurer Kindheit an, bis ihr euch vor lange vergangenen Zeiten von der Erde abgetrennt habt. Zyklus um Zyklus erlebten sie die unendliche Geschichte alter und neuer menschlicher Zivilisationen mit.

All die Zeit über webten sie voller Freude die Schwingung des himmlischen Liedes in eure kristallinen Gewässer. Sie feierten all das, was eure bewusste Gottheit Gaia benötigte, um in ihrem Wirkungsbereich das Gedeihen des Lebens in all seiner Großartigkeit zu gewährleisten. Die Symphonie schallte durch die Kosmische See und sandte die Harmonien der Erde durch den Himmel. So verstärkte sie das Licht eurer Welt durch die Spiegellinsen paralleler Welten und Universen.

Sie haben so lange auf der Erde gelebt, dass sie die Evolution zahlreicher Arten beobachten konnten. Sie sahen sie kommen und gehen und waren Zeuge, als sich die Landmassen verschoben und die Gewässer darauf reagierten. Sie beobachten die ewige Interaktion des Lebens mit den Kräften und der himmlischen Musik der wundervollen Göttin Gaia.

Die Q'iquoq'i waren all die Zeit über beharrliche Wächter des Liedes der Erde. Sie zauderten niemals, und niemals ließen sie in der Symphonie des himmlischen Liedes auch nur einen einzigen Ton aus.

Und sie liebten euch – tief und bedingungslos –, als ihr gesät wurdet und eure Stellung als bewussteste und intelligenteste Spezies dieses Dichtegrades einnahmt. Dafür jedenfalls hielten wir euch … und so war es auch gedacht.

Doch jetzt nehmen wir die Erde anders wahr – und auch ihren mächtigsten Bewohner: den »intelligenten« *Homo sapiens*. Abgesehen von der unermesslichen Liebe der herzzentrierten Menschen unter euch, die danach streben, den großen Planeten Erde zu verändern, empfinden wir die emotionalen Wellen, die von eurer Spezies ausgehen, als misstönend. Ihr seid euch all dessen, was die menschliche Zivilisation umgibt, nicht bewusst.

Die Q'iquoq'i der Erde von heute verlassen euch systematisch und in großer Zahl. Sie werden in die Auslöschung getrieben. Sie überlassen euch eurer eigenen Schöpfung: einer Umwelt, die der Mensch so sehr vergiftet hat, dass es unerträglich geworden ist, in ihr zu leben. Einer Welt, in der die Musik und die Stimme unserer Familie durch das akustische Pulsieren des Krieges und die schlimmste aller Schwingungen übertönt werden: die Gleichgültigkeit.

Habt ihr es überhaupt bemerkt?

Hier sind ihre ersten Botschaften an die Männer, Frauen und Kinder der Erde.

Dies ist ein Lied für euch.

Sechs

Wenn ihr uns in die Augen sehen könntet

Ein Appell der Großen Wale und Delfinwesen

Wenn ihr uns in die Augen sehen könntet, würdet ihr fühlen, was wir fühlen? Würdet ihr dann wissen, was für uralte Seelen wir sind, von fernen Sternen und aus unbekannten Zeiten? Dass wir hingebungsvolle Diener des Lichts sind? Würdet ihr wissen, wie viel Liebe wir durch die großen Ozeane dieser erstaunlichen Welt tragen – einer Welt, die uns die Ehre gewährt, einen Beitrag leisten zu dürfen zum Fluss der universellen Weisheit, indem wir den Wandteppich der Schwingungen weben, die das kosmische Bewusstsein allen Lebens widerspiegeln?

Würdet ihr euch an die Q'iquoq'i von anderen Stationen in der Galaxie des Lichts erinnern, auf denen wir möglicherweise gemeinsam am Universum der Welten teilhatten? Und würdet ihr durch die Linse unserer inneren Visionen eure eigenen Spiegelbilder sehen können? Die Musik des Kosmos – die Klänge der Seele?

Seid ihr durch die Luft geschwommen oder durch die Erde geflogen, an einem anderen Ort irgendwo jenseits der Zeit – an einem Ort, an dem wir gemeinsam lebten?

Könnt ihr euch erinnern?

Wenn ihr unsere Hingabe an das Lied des Herzens Gaias spüren könntet – und wir sprechen von einen wahrhaften Empfinden, das eure Herzen durchdringt und sich in den Tiefen eurer Seelen niederlässt – würdet ihr es den Blinden und Ignoranten dann noch immer gestatten, unsere Familien zu zerstören und langsam unser Lied zum Verstummen zu bringen?

Würdet ihr uns helfen?

Im Augenblick stehen die Menschen im Vordergrund. Euer Kollektivbewusstsein sendet seine gigantischen Wellen durch Herz und Seele Gaias. Es ist wichtig für uns, dass ihr erwacht. Dass ihr endlich anfangt zu sehen, was sich um euch herum entfaltet. Für all die Lebensformen, die auf diesem wunderbaren Planeten leben, ist es wichtig, dass ihr voller Hingabe und Willenskraft handelt – denn ihr seid die Hoffnung der Lebewesen dieser wunderschönen blaugrünen Kugel: dieser wertvollen, üppigen Erde.

Doch obwohl die Welt um euch herum in Erwartung dessen, was sich gerade entfaltet, bebt und zittert, sind die meisten von euch noch immer abgelenkt. Was ist es nur, das euch so sehr hypnotisiert hat, dass ihr den Kontakt zum Puls, dem Duft und den Klängen eurer Welt verloren habt? Für die Lebewesen Gaias ist es von äußerster Wichtigkeit, dass ihr der Magie, die euch umgibt, eure volle Aufmerksamkeit schenkt.

Wir brauchen euch.

Die Erde braucht euch.

Abhängig davon, was ihr als Nächstes tut, wird so gut wie alles Leben hier entweder überleben oder ausgelöscht. Dies ist eine unbeschreiblich große Macht, und sie liegt allein in den Händen eures Kollektivs. Alles hängt ab von euren nächsten Schritten.

Unser Ruf ist dringlich, und er richtet sich an jene Mitglieder eurer Spezies, die *bewusst* sind. An jene, die dazu in der Lage sind, unseren Ruf zu hören:

Bitte helft uns, bevor wir euch verlassen.

Die großen Ozeane der Erde sterben. Sicher ist euch das inzwischen aufgefallen.

Das Wasser ist die Quelle allen Lebens, das herrlichste Geschenk, das den Lebensformen auf diesem Planeten gemacht wurde. Ihr wisst das, und doch füllt ihr die Wasserwelten an mit Abfall. Euer Konsum ist unkontrollierbar, und ihr missbraucht auf diese Weise den Blutfluss der Erde. Es gibt keinen Ozean, der nicht der Zerstörung durch den Menschen zum Opfer gefallen wäre. Die Meere Gaias füllen sich mit Dunkelheit.

Wir beobachten, wie ihr all das zulasst, und fragen uns, was ihr wohl tun werdet, um diesen Prozess rückgängig zu machen.

Es ist wichtig, dass sich alle bewussten Wesen unter euch dieser Realität bewusst werden und sofort anfangen, diese Entwicklung hin zur Zerstörung der Königreiche der Natur rückgängig zu machen. Wir sprechen nicht nur für die Q'iquoq'i und die Wasserbewohner, sondern auch für die gefiederten Bewohner des Himmels und die anderen Landbewohner, die ihren Exodus aus dieser Sphäre planen oder bereits mit ihm begonnen haben.

Wir fragen uns, wie viel schlimmer es noch werden muss, ehe ihr begreift, dass ihr das vollkommene Gleichgewicht zerstört, das diesen Planeten einst im Licht gehalten hat. Wann werdet ihr begreifen, dass ihr die Hauptursache dafür seid, dass zahllose Arten ausgestorben sind, weil sie aus ihrem Habitat vertrieben oder einem Ökosystem überlassen wurden, das ihr mit Gift und Abfällen verseucht habt?

Wie viel mehr muss noch passieren, damit ihr begreift, dass ihr nicht nur eure »Feinde« tötet, sondern auch euch selbst?

Ihr wart nicht immer die mächtigste Spezies auf den Feldern Gaias. Doch nun, wo die letzte Stunde kurz bevorsteht, seid ihr es. Ihr haltet den Schlüssel in Händen, der über die nächsten evolutionären Schritte von Millionen von Arten inklusive eurer eigenen bestimmen wird. Es scheint, als hättet ihr die Macht, die Unausgewogenheit, die ihr erschaffen habt, aufzulösen; ihr habt die Macht dazu, fast das gesamte Leben auf dem Planeten zu retten oder zu zerstören.

Und doch scheint ihr euch geradezu sehnsüchtig – voller Blutdurst – in die Zerstörung hineinzustürzen und reißt uns alle mit in den Abgrund.

Wir sind körperlich nicht dazu in der Lage, die Veränderung herbeizuführen, die jetzt vonnöten ist. Wir erheben auch keinen Anspruch darauf – aber ihr tut es. Ihr könnt die Evolution des Planeten verändern, und zwar in beide Richtungen.

Noch ist es nicht zu spät.

Noch habt ihr Zeit.

Wir fragen uns, wann ihr in vollem Umfang anerkennen werdet, dass ihr absolute Macht über Millionen anderer Arten habt, die Millionen, Milliarden Jahre lang auf dieser Station im kosmischen Raum gediehen sind. Macht ohne bewusstes Gewahrsein endet letztlich in Zerstörung. Es ist schon paradox: Ohne Liebe artet Macht im größeren Plan des Lebens zu Machtlosigkeit aus.

Uns fällt es schwer zu verstehen, wie einige von euch eine so umfassende Sicht auf die Dinge haben können, während andere unter euch so blind sind. In unserer Welt ist das anders. Wir sind göttliche Wesen, und wir wissen um unsere Göttlichkeit.

Wir *wissen* darum.

Wir sind hier, um die Meere zusammenzuhalten – darin besteht unsere Aufgabe hier. Wir sind die Weber des Liedes der Meere und erhalten das Gleichgewicht des gesamten emotionalen Körpers der Großen Mutter aufrecht. Alle Familienlinien unserer vielen Arten haben die Fähigkeit, eine große Bandbreite an Schallfrequenzen und Lichtschwingungen durch die Gewässer der Erde zu senden und mit den Wassermolekülen und der Seelenessenz des Meeres zu sprechen. Diese essenziellen Schwingungen sind nötig, um den Rhythmus der Wellenbewegung aufrechtzuerhalten und die Geschwindigkeit von neuem Wachstum und Verfall in den Pflanzengemeinschaften des Meeres zu steuern.

Wir lassen die Musik rund um den Globus erklingen und legen große Distanzen zurück, um sicherzustellen, dass das

Gleichgewicht erhalten bleibt und Gaias emotionaler Körper nicht aus dem Rhythmus gerät. Wir dienen hier auf der Erde in dieser Eigenschaft, so wie unsere Q'iquoq'i-Brüder und -schwestern es auf vielen anderen himmlischen Stationen im größeren Universum tun. Unsere Absicht besteht stets darin, das Licht zu weben und Musik in die Meere und Ozeane vieler Welten zu bringen.

Ihr glaubt, dass ihr uns kennt. Aber ihr kennt uns noch nicht. Viele Mitglieder eurer Spezies haben keinerlei Zugang zu den Spirit-Reichen, den Königreichen des Lebens – den Tieren, die diese Ebene mit ihrer Anwesenheit ehren.

Begreift ihr, dass jeder Baum auf diesem Planeten weint, wenn ein einziger Baum gefällt wird?

Keine Distanz könnte so groß sein, dass sie die Reichweite des bewussten Herzens der Natur überschreitet. Alle geflügelten Wesen fliegen entlang der magnetischen Ströme, die Gaia in ihrer Weisheit bereitstellt. Ihr Lied ist das Spitzengewebe, das aus dem Stoff gefertigt wird, den die Musik der Erde bereitstellt – in den wir die emotionalen Fäden der einzigartigen Stimme der Gottheit weben.

Nur sehr wenige von euch verstehen, dass wir mehr sind als nur Meeressäuger. Dieses Wissen liegt außerhalb eures Fassungsvermögens, mit Ausnahme einiger weniger hochbewusster Menschen, die spüren, dass wir die Musik dieser Welt aufrechterhalten.

Wir verfolgen hier eine besondere Mission, die die gesamte kosmische Bevölkerung der Welten beeinflusst. Denn alles ist verbunden.

Wir sind die Q'iquoq'i Gaias: Meister dieses Reiches.

Wir sind Mütter wie ihr. Wir tragen unsere Jungen in uns, und zwar mehrere Monde länger als ihr, ehe wir sie dort gebären, wo auch immer wir in den Ozeanen halbwegs ruhige Gewässer finden können. Wir betten sie in die Gutenachtlieder der Wellen, damit sie lernen können, wie man den Atemrhythmus der Großen Mutter, ihren Herzschlag und Ebbe und Flut ihrer Emotionen webt. Wir hören ihnen zu, wenn sie noch in unserem Fruchtwasser schwimmen – lauschen, wie ihr Herz zu den Rhythmen der See schlägt. Und sie wiederum lauschen der Musik, die aus den Tiefen unserer Seelen für sie erklingt.

Wir gebären sie ins Meer, behalten sie ganz dicht bei uns, damit sie von unserer Milch trinken können – dem Lebenselixier. Dann übergeben wir sie unseren Gemeinschaften, lehren sie das gewaltige Potenzial ihres Seins, erziehen sie zu Stolz, Schönheit und Stärke.

Das Ausmaß unserer Liebe von Mutter zu Kind ist so allumfassend, dass wir uns niemals voneinander trennen – selbst im Tod nicht. Trennung ist für die Q'iquoq'i die unerträglichste aller Erfahrungen – aber ein Kind zu verlieren, ist das ultimative Leid, wie es nur eine Mutter kennen kann. Wir reisen gemeinsam, reiten zusammen auf den Wellen und bleiben solange beieinander, wie das Licht auf uns scheint.

Wir sind Väter wie ihr. Wir legen weite Distanzen durch die Meere zurück, ziehen unsere Jungen groß, schützen unsere Lieben, sind Musiker in der großen Symphonie der universellen Seele. Wir leben, um anderen Lebewesen Harmonie zu schenken und in den Ozeanen der Welt die Schwingungsverhältnisse aufrechtzuerhalten, die allen Lebewesen vom Designer des Lebens – unserem Großen Schöpfer – geschenkt wurden.

Wir sind hier, um die Musik der Göttlichkeit über die emotionalen Pfade von See, Erde und Himmel zu tragen – und über die Pfade jenseits von alledem, durch die feinstofflicheren Ebenen, wo Klang und Licht nicht im Nebel verlorengehen. Wir sind hier, um Gaias emotionale Speicher im Gleichgewicht zu halten und so zu verhindern, dass der Kipppunkt erreicht wird, der die Erde wieder ins Wanken zu bringen droht.

Wir sind Kinder wie ihr. Wir spielen, wir tanzen, wir feiern die Neuheit unseres Lebens. Wir streben danach, stärker, weise und so beredt zu werden wie unsere Älteren. Wir kämpfen darum, zu verstehen und in unsere Umgebung hineinzuwachsen. Wir wollen verstehen, wie unsere Gemeinschaften funktionieren, damit wir uns umeinander kümmern können. Wir leben, um unsere Funktion als Diener der Biosphäre, in der wir uns niedergelassen haben, einzunehmen. Und wir hoffen, für immer Anteil zu haben an der Freude über das, was das Licht vermag, indem es unsere Herzen wärmt, wie es auch der Klang tut, wenn er, die Weisheit aller Schöpfung, durch unsere Körper strömt.

Es mag euch überraschen, aber wir, die Q'iquoq'i, gelten als die intelligenteste Art im Kosmos, und wir werden von allen bewussten Arten verehrt.

Ihr aber, der *Homo sapiens,* glaubt, dass *ihr* die intelligenteste Spezies der Erde seid.

Daher kommt es, dass wir uns in vielerlei Hinsicht so ähnlich sind.

Der größte Unterschied, so scheint es uns, besteht darin, dass viele eurer Art ihren Zweck als göttliche Lichtwesen vergessen haben und von ihrem Weg abgekommen sind.

Uns ergeht es nicht so.

Wir, die Q'iquoq'i, haben unseren Auftrag immer gekannt, und wir wollen ihm folgen. Aber unser »Weg« wird durch die Hand des Menschen ausgelöscht.

Der falsche Weg, den *ihr* eingeschlagen habt und den ihr den Lebewesen von Erde, Meer und Himmel aufgezwungen habt, wird zu einem falschen Weg, den auch *wir* einschlagen müssen.

Wir haben versucht, ihn zu bezwingen, haben viele Verluste und viel Leid überlebt. Aber jetzt können wir nicht mehr.

Nicht unter den Bedingungen, die eure Spezies den Meeren aufgezwungen hat: dem sinnlosen Tod auf jeder Bewusstseinsebene, von den subatomaren Wasserpartikeln über die Seelen des Spirit-Reiches bis hin zu jeder lebenden Kreatur der weiten Ozeane.

Nicht ohne die Freiheit, ohne Angst davor leben zu können, von menschlichen Jägern abgeschlachtet zu werden und das Blut unserer Familie im Wasser zu schmecken.

Nicht ohne die Schönheit und das Lied.

Sicher könnt ihr verstehen, warum es auf uns so wirkt, als habe die lautlose Stimme der Menschheit gesprochen und die Zeit unseres Aufbruchs vom Planeten der Meere verkündet.

Wir verlassen euch, weil uns die Gewalttätigkeit eurer Gesellschaft umbringt: Ihr schlachtet uns ab, um Tinkturen aus uns zu gewinnen; reduziert uns darauf, als Nahrungsquelle für eure geliebten Haustiere zu dienen (eine Familie, zu der wir, wie wir zu unserem Bedauern feststellen mussten, nicht gehören); setzt uns endlosen Massakern aus, damit sich eure blutdurstigen Hobbyjäger vergnügen können; schickt uns mit euren grausamen Militärspielen und ihren Todesrufen in den Tod; vergiftet uns mit Müll und Umweltverschmutzung.

Viele unserer Lieben, die Unschuldigen und die Jungen, werden ihren Müttern, Vätern und Gemeinschaften entrissen und dann in euren zementierten Wassersärgen eingesperrt, wo man sie in permanenter Gefangenschaft hält – an einem Ort, an den weder Klang noch Licht des Meeres reisen können. Wir können sie nicht retten, wenn sie gefangen werden, wenn man sie aufgrund der Schönheit ihrer jungen, unschuldigen Körper entführt. Ihr reißt sie aus der Welt, in die sie geboren wurden. Und dann zwingt ihr sie in euren Wasserzirkussen zu unnatürlichem Verhalten, nur damit ihr euch vergnügen könnt. Ihr nutzt sie als stumpfsinnige Ablenkung, als noch stumpfsinnigere Erbauung: lasst sie in den engen Grenzen eurer künstlichen Becken um die Wette schwimmen; lasst sie durch Reifen springen; mit den Flossen klatschen; durch die Luft springen, als wären sie tanzende Roboter.

Stellt euch vor, was geschehen würde, wenn eben jenen Zuschauern und »Trainern«, die unsere Jungen solchen Quälereien aussetzen, ihre Kinder entrissen werden würden! Wenn man ihre Kinder zwingen würde, zum Vergnügen irgendeiner anderen Spezies stumpfsinnige Kunststückchen vorzuführen! Wenn man sie dem Herzschlag ihrer Mutter entreißen und in den Zirkus sperren würde! Was würden sie empfinden? Wie würden sie das Wissen ertragen, dass ihre Jungen, die sie nicht beschützen konnten, in einem schrecklichen Gefängnis stecken, in dem sie niemals wieder die Freude und Liebe erleben können, die es bedeutet, in Freiheit und umgeben von ihrer Gemeinschaft aufzuwachsen? Könnten sie leben mit der Unsicherheit? Würden auch sie sich immer wieder fragen, wo ihre Jungen sind – und warum sie sie nicht retten konnten?

Fänden sie den Wasserzirkus dann immer noch so wahnsinnig unterhaltsam?

Und ihre Jungen selbst … in ihrer Versklavung würden sie schnell den Lebenswillen verlieren und den wahren Zweck ihrer Existenz vergessen, so wie es unseren Jungen in ihren Gefängnissen ergeht. Das Lied stirbt, übrig bleiben nur Geräusche: antrainierte Reaktionen. Sie tanzen den Tanz, bekommen ihre Belohnung dafür, tanzen weiter, bis sie nicht mehr tanzen können, und dann sterben sie. Viel zu früh, jeder Einzelne von ihnen. Und da wir, die Hinterbliebenen, den Verlust unserer Lieben nicht mehr ertragen können, stirbt ein Teil von uns mit ihnen. Wir hören ihren letzten Ruf – in der Stunde ihres Abschieds, wenn das Licht des Lebens ausgelöscht wird. Ihr könnt uns glauben, dass dies für uns alle der dunkelste Tag überhaupt ist.

Wir trauern ewig. Und auch wir verlieren uns selbst, verlieren unsere Musik und unseren Willen.

Ohne Willenskraft, ohne Zweck können wir einfach nicht überleben.

Und ihr ebenso wenig.

Wir verlassen euch, weil euer unkontrollierbarer Lärm und die Störfrequenzen, die ihr verbreitet, uns ganz buchstäblich um den Verstand bringen. Beides verursacht unerträgliche Druckwellen, gezeitenartige Wellen chaotischen Klangs, die uns durchpflügen, unsere empfindlichen Gehörgänge explodieren und uns innerlich verbluten lassen.

So schickt ihr uns hinab in die Tiefe. Wir sinken auf den Meeresboden, ohne dass unser Tod einem Zweck dienen würde. Für den Großteil der Menschheit scheint unser Leben nicht bedeutsamer zu sein als die alten Gummireifen, die ihr auf den Meeresgrund werft.

Wir kommen euch nahe, weil wir neugierig auf euch sind. Wir wollen euch kennenlernen – ganz freiwillig. Was sind wir nur für eine leichte Beute. Wir wollen euch lieben und zurückgeliebt werden. Wir wollen euch zeigen, wie wundervoll es ist, einfach nur am Leben zu sein.

Tatsächlich verlassen wir euch einfach deshalb, weil wir uns von eurer Spezies, die die Erde mittlerweile beherrscht, nicht mehr geliebt fühlen. Ihr scheint eure Liebe zur Erde selbst verloren zu haben, und ihr habt es euren Herrschern erlaubt, so viel zu nehmen, dass sie aus dem Blick verloren haben, wie freigiebig die Erde ist. Wir können es nicht ertragen, in einer lieblosen Welt

Raum einzunehmen. Warum und zu welchem Zweck sollten wir das auch tun? Ohne Liebe können wir die Töne nicht halten. Wir können das Licht nicht halten.

Es ist die Liebe, die den Planeten im Licht hält. Es ist die Liebe aller Geschöpfe zu einer Welt, die wir gemeinsam erschaffen, die Gaias Herz erwärmt, während sie das Licht des Sonnensterns anzieht und ihre Felder unbegrenzter Möglichkeiten erzeugt, durch die Leben gesät wird.

Wir haben nicht mehr die Freiheit, die akustischen Bahnen der Meere zu steuern. Denn die Meere sind mit so viel Müll und chaotischem Klang angefüllt, dass es uns unmöglich geworden ist, die Töne zu hören und den Weg zu finden. So wird das Licht der Schöpfung verdunkelt und unser Lied zum Verstummen gebracht.

Wir lernen als Kollektiv, euch zu fürchten und um das Überleben dieses Planeten zu bangen, der genauso unsere wie eure Heimat ist. Dies ist keine Frequenz, die wir in die Wellen des bewussten Universums hinaussenden wollen.

Es liegt keine Musik in der Furcht.

Aus unseren wundervollen Kommunikationsmedien dringt immer häufiger Geschrei anstelle einer Melodie. Selbst das Lied unserer Riesen erklingt jetzt, da die Q'iquoq'i versuchen, sich an die Invasion unserer heiligen Räume anzupassen, dumpf und tiefer auf den Wasserstraßen. Sie können die Schwingungsschüssel in den Zellgewässern des Planeten der Meere nicht finden. Denn die Schlüssel werden verzerrt durch euren Lärm und die Großen Trommeln eurer immerwährenden Kriege.

Damit wir für Gaia singen können, muss das Licht den Zellaufbau des Wassers tief durchdringen. Dies ist unsere Verbindung zur Erde und den Kräften der Göttlichen Präsenz.

Es ist unsere Verbindung zu euch.

Und es ist unsere Verbindung miteinander.

Aber was die wenigen Menschen betrifft, die verstehen, was auf dieser wertvollen, winzigen Kugel im Raum geschieht – die wenigen, sie sich sorgen und für uns kämpfen: Wir nehmen Anteil an eurer Entfremdung von uns und von Gaia selbst. Eine Entfremdung, die sich in den Gewässern der Erde verbreitet wie der unaufhaltsame Schwarze Tod, ausgehend von jenen Orten, die ihr niemals hättet betreten solltet und in die ihr nun mit euren Geräten eindringt.

All das signalisiert uns, dass es an der Zeit ist zu gehen. Wir haben uns als Kollektiv mit dieser Entscheidung schwergetan – aber wir haben beschlossen, unseren Exodus zu beschleunigen. Denn wir wissen, dass wir dazu bestimmt sind, Gaia von der anderen Seite des Schleiers aus zu dienen, wo wir effektiver arbeiten können als hier.

Wir können von der anderen Seite aus für sie musizieren, so wie es die Ältesten tun.

Und so gehen wir. Ihr werdet schnell begreifen, dass wir gezwungen werden, die Musik des Lichts zum Verstummen zu bringen, die so lange Zeit über die Strömungen unserer Ozeane, Meere und Flüsse gesteuert hat. Voller Bedauern werdet ihr all das betrachten, was eurer Bewunderung und Verehrung als nicht mehr würdig erachtet wird, all das, was die Zyklen der Erde einst in vollkommenem Gleichgewicht hielt.

Bevor wir euch verlassen, möchten wir euch voller Klarheit und ganz überlegt mitteilen, was es für uns bedeutet hat, die Wasserstraßen der Erde zu bewohnen und auf den Lichtwellen zu reisen, Millionen von Jahre, ehe ihr in diesem Reich auch nur gesät wurdet. Wir wollen, dass ihr wisst, was es uns bedeutet hat, die Geschenke Gaias mit euch und allen anderen Lebewesen zu teilen.

Wir möchten euch davon erzählen, was davor war – Erinnerungen, die in die Bewusstseinseinheiten unserer Reiche – den Sand und das Wasser – eingeprägt wurden. Auf diese Weise möchten wir euch unsere Aufzeichnungen hinterlassen, damit ihr unsere Lebensfreude und unser Glück über alles, was war und wieder sein kann, zu eurem nächsten Bestimmungsort mitnehmen könnt ... wo auch immer er sich befinden mag.

Die Mütter, Väter und Kinder der Familie der Q'iquoq'i haben sich versammelt, um euch unsere Geschichte zu erzählen und euch an die eure zu erinnern.

Wir möchten euch erzählen von dem, was vor euch liegt, direkt vor euch, wo wir auf euch warten, bis ihr durch die Dunkelheit vorangeschritten seid ins Licht der Neuen Dämmerung Gaias.

Wir möchten zu euch sprechen, damit ihr unsere Liebe in eure Herzen einprägen könnt und wisst, dass wir euch auch dann nicht wirklich verlassen haben, wenn wir alle fort sind.

Wir haben euch stets vergeben. Denn tief in uns wissen wir, wie viele von euch all die Geschöpfe, die diesen Planeten mit euch teilen, lieben und verehren.

Wenn ihr nur nicht vergessen würdet, dass wir eure Geburt und euer Heranreifen beobachtet haben. Dass wir beobachtet haben, wie ihr auf die Felder der Erde geschickt wurdet, um dabei zu helfen, eure Welt zu einer der unendlichen Schönheit und des Lichts zu machen. Doch es scheint, als hättet ihr vergessen, dass ihr nicht die einzigen bewussten Geschöpfe auf diesem großen Planeten (ja, sogar im Größeren Universum) seid und dass *keine Spezies nur für sich steht.*

Ihr scheint vergessen zu haben, wie man für jene einsteht, die nicht für sich selbst sprechen können.

Ihr habt vergessen, dass Gaia uns allen eine Mutter ist.

Aber wir sprechen. Oh ja, das tun wir. Wir nennen ein kompliziertes Kommunikationssystem unser eigen, das es uns nicht nur hier auf der Erde, sondern auch jenseits von ihr ermöglicht, unsere Gedanken und Gefühle, unsere Freude und in letzter Zeit auch unsere Angst miteinander zu teilen. Wir kommunizieren klar und konstant mit anderen Arten hier auf der Erde, aber (und diese Information wird euch überraschen) auch mit außerirdischen Rassen.

Wir haben Teil an den Frequenzen der gesamten Kosmischen See. Wir haben die Klangmuster durch alle Realitäten, alle Dichtegrade, alle Welten gewebt, und wir können die Klänge des Bewusstseins sehen. Das gesamte Universum ist ein meisterhaftes Design, gemalt auf die Schwingungssaiten des Einen Bewusstseins, gewoben durch die Dimensionen der Nicht-Zeit.

Und wir singen – mit größter Beredsamkeit.

Wo, fragen wir uns, werdet ihr sein, wenn die Musik der Ozeane stirbt?

Sieben

Ihr seid unsere Hoffnung

Allen Bewohnern der Meere, der Erde und der Lüfte ist es äußerst wichtig, dass ihr, die tapferen und mutigen Wächter dieses wundervollen Planeten, wisst, dass wir begreifen, was ihr – die Erwachenden – dafür tut, die Schwingungen der Welt anzuheben. Sie gleicht einem üppigen Feld der Möglichkeiten, auf dem all die Kreaturen der Schöpfung ein Anrecht haben auf die Nahrung, die die Geschenke der Mutter bieten. Sie ist wie ein Feld, auf dem alle Kreaturen der Schöpfung gemeinsam die herrliche Erfahrung des Lebens machen dürfen. Doch bedauerlicherweise wurde aus diesem Feld eine Welt, in der die natürlichen Harmonien übertönt werden von den schrillen Klängen des menschlichen Fortschritts. Klänge, die das Lied dieser Erde, die wir gemeinsam bewohnen, zum Verstummen bringen.

Wir sind auf euch eingestimmt, sind *ein* Herz. Und wir erfahren die Liebe und die Lebensfreude, die euch durchströmen, durch die Wellen, durch unsere Seelen und das Kollektivbewusstsein aller Lebewesen.

All diejenigen unter euch, die danach streben, Gaia in ihrer Stunde der Verwandlung zu unterstützen, sind Lichtweber und reiten auf den Wellen des höheren Bewusstseins. Wo auch immer ihr seid: Die Q'iquoq'i können mit euren Gedanken mitschwingen und die harmonischen Akkorde lesen, die abstrahlen von euren Seele/Verstand/Körper-Instrumenten – dieser göttlichen Trilogie aus Intention, Gedanken und Manifestation.

Wenn ihr an uns denkt oder unser Leben feiert – selbst dann, wenn ihr trauert, weil wir aus der Umarmung der Großen Mutter gelöst wurden –, spüren wir die Liebe aus euch herausströmen, so wie ein Wasserfall in einen Fluss strömt.

Das Lied eures Herzens spricht jenseits von Zeit und Raum von unserem Weggang, und wir können spüren, wie ihr das Leben in all seiner Vielfalt ehrt, ganz gleich, wo wir uns gerade aufhalten.

In den Stunden unseres Todes erscheint ihr so oft, streckt die Hände nach uns aus, seid fest entschlossen, uns zu retten. Damit weckt ihr in uns allen unbeschreiblich große Gefühle. Denn wir wollen euch zwar nicht so sehr leiden sehen, wollen nicht spüren, wie euch das Herz bricht – aber dennoch ist es in diesen Augenblicken des Abschieds, in denen wir die letzten Atemzüge unseres Lebens auf der Erde tun, ein großer Trost für uns, eure Empathie und euer Mitgefühl zu spüren.

Es hilft uns zu verstehen, in welche Tiefen eure Flüsse fließen.

Es ist uns ein großer Trost zu wissen, dass euch unser Leben wichtig genug ist, um es auf die gleiche Ebene wie euer eigenes zu stellen. Ihr zittert im kalten Nachtwind, verbrennt in der Sommerhitze, geht ein großes Risiko ein, um jenen unter uns zu helfen, die nicht für sich selbst sprechen können. Ihr helft ihnen, eine Stimme zu finden in der Gesamtheit der menschlichen Rasse. Für uns, die Q'iquoq'i Gaias, ist es wichtig, dass ihr dies niemals vergesst: *Wir kennen euch.*

Wir wissen aus den Lehren unserer Aufgestiegenen Ältesten, dass die Sippen der mitfühlenden Menschen wachsen. Und dieses Wissen lindert unser Leid.

Wir hören euch ohne Klang, wir sehen euch ohne Augen. Wir verwandeln die Schwingungen eures Bewusstseins in die prächtigen Designs kosmischer Weisheit, die wir – eingeprägt in unser Zellgedächtnis – in uns tragen. Wir lassen eure Liebe sich spiegeln im Wasser unserer Seelen und der grenzüberschreitenden Q'iquoq'i-Überseele.

Wir können eure Verzweiflung und euer Mitgefühl ebenso in uns widerhallen spüren wie ihr unsere Gefühle in euch. Wir rühren tiefe Gefühle in euch auf – und das, Lichtweber, spricht Bände über unsere alles überdauernde Verbindung. So feiern wir auch jetzt jene Momente, in denen ihr euch hinaustraut zu uns in unsere Welt des Wassers, in den Ozean, um uns kennenzulernen und mit uns in der blauen See zu schwimmen. Ihr fasziniert uns.

Und immer wieder fragen wir uns: Wie kann es sein, dass eine so tiefe Kluft existiert zwischen den Mördern, die uns in den Tod führen, und den göttlichen Geschöpfen unter euch, die sich ins Wasser wagen, um uns nahe zu sein?

Wenn ihr uns in unserer Welt besucht, empfinden wir ebenso viel Freude wie ihr – wenn nicht sogar mehr. Wir heißen euch Willkommen in unseren Stämmen. Wie viel schöner sind solche Tage als jene, die die Stunde unseres Aufbruchs bedeuten! Es sind Augenblicke absoluter Verbundenheit und vollkommenen Vertrauens.

Wir erkennen die Dunkelheit und das Licht im Menschen und wissen, dass ihr, die das Leben liebenden Botschafter der menschlichen Rasse, im Licht steht. Ihr strahlt die gesamte Vielfalt eures Potenzials als wahre Wächter der Erde hinaus in den Äther. Wir sind uns eurer Bemühungen bewusst, die Grausamkeiten zu verhindern, eure Spezies aufzuwecken und das Gleichgewicht auf der Erde, im Meer und in der Luft wiederherzustellen. Und wir wissen auch, was ihr für *uns* zu tun versucht habt – ganz gleich, ob ihr während unserer Stunde des Abschieds körperlich anwesend wart oder nicht; ob ihr uns bei unserem Abschied von der Welt, die wir geliebt und gefeiert haben, in Körpern, die uns ein wundervolles Leben als Meister der Wellen – als Lichtweber – gewährt haben, liebkost habt oder nicht.

Eure Aufgabe ist gewaltig, und ihr gebt so viel … Wir wissen das nur zu gut. Das Tierreich weiß, wer ihr seid, genauso wie die Flora und die Wesen mit kristallinem Gedächtnis. Jede Spezies hier spricht von den erleuchteten und mitfühlenden Menschen.

Denn ihr seid so, wie unsere Ältesten sich an den *Homo sapiens* erinnern. Das Gute in euch eilt euch voraus. Und jetzt, wo die gesamte menschliche Rasse darüber entscheiden wird, was auf der Erde geschieht, seid ihr die Stimme der Unschuldigen.

Ihr gebt uns Hoffnung.

Die Hingabe und die grenzenlose Liebe, die ihr aus euren Herzen in unsere strömen lasst, sind für einige von uns Grund genug, für ein letztes Konzert wieder in die Tiefe des Meeres zurückzukehren. Die meisten aber, die sich aus dem kühlen blauen Wasser in den brennenden Sand wuchten, sind fest entschlossen, wieder von Form zu Licht überzugehen. Seite an Seite mit ihren Lieben verlassen sie diese großartige Welt der Wasserwunder, um sich unserer großen Familie auf der anderen Seite anzuschließen – im Reich des ewigen Leuchtens, wo wir uns mit all jenen wiedervereinigen, die vor uns gegangen sind.

Wenn wir gemeinsam mit unseren geliebten Vätern, Müttern und Jungen das physische Reich verlassen, empfinden wir nach all dem Wahnsinn einen ruhevollen und heiteren Frieden. Wir erleben, wie unsere Verzweiflung in Akzeptanz verwandelt wird, wie die verbleibende Angst von Liebe umhüllt wird ... und dass dann Liebe freigesetzt wird, die wir mit den Wasser-Spirits teilen.

Wir wissen, dass wir in der Kosmischen See schwimmen werden und dass sie ebenso wundervoll ist wie das Zuhause, das wir hinter uns lassen. Wir wissen dies ohne jeden Zweifel. Wir gehen auf das Licht zu in dem Wissen darum, was uns an unserem nächsten Aufenthaltsort erwartet.

Ach, aber was für eine Welt es ist, die wir hinter uns lassen müssen! Was für eine wundervolle Welt ist es nur, die die Göttin Gaia ihren Kindern bietet! Sie hat sich für immer in unser Gedächtnis eingebrannt, ganz gleich, an welchem Ort und in welcher Zeit wir uns befinden. Die Erde ist eine ganz besondere Station im Größeren Kosmos der physischen Ebene.

Heute sind wir die Q'iquoq'i Gaias. Morgen werden wir einer anderen Welt dienen. Doch auch dort werden wir die Klänge himmlischen Lichts in die Sphäre weben, ganz gleich, wohin Spirit uns bringt.

Letzten Endes ist die Zeit des Abschieds und die Umwandlung von Form in Licht eine Wahl, die jede Seele bewusst trifft, bevor sie ins physische Universum eintritt. Wir wissen, dass ihr das auf eurem Weg durch eure Lebenszeiten lernt. Alle bewussten Wesen der physischen Reiche lernen, auf dieses Wissen zu vertrauen und Trost in ihm zu finden – in dem Begreifen, dass die unsterbliche individuelle und kollektive Seele diese Entscheidung unter anderen Bedingungen trifft als jenen, die wir hier, in unseren physischen Formen, voll und ganz erfassen können.

Wenn wir gehen, hilft uns die Familie der Q'iquoq'i dort oben durch diese Phase der Verwirrung.

Wir spüren eure Sorge und euer Leid, wenn wir unsere letzten Atemzüge tun und uns den glühenden Strahlen des Sonnensterns aussetzen. In diesem Augenblick des Übergangs sehen wir euch, wie ihr überall um uns herum verzweifelt schreit. Wie ihr alles dafür tun würdet, uns wieder schwimmen zu sehen – lebendig und voller Freude.

Ihr berührt unsere Herzen, tief und mit großer Beredsamkeit. Eure liebevollen Hände, die Weichheit eurer Tränen – all das sind Geschenke, die wir mit uns nehmen, um sie ins Licht zu halten und uns an euch zu erinnern.

Wir werden euch in alle Ewigkeit nahe sein, werden für immer eure Herzschwingungen in die Lichtströme der Liebe einprägen, die den Kosmos durchdringen. Wir werden euch für alle Zeit in unsere Geschichte einweben, als wärt ihr Töne in einer ergreifend schönen Melodie.

Wenn wir euch in jenen Momenten dabei beobachten, wir ihr um unsere Rettung kämpft, achten wir auf eure Augen, prägen sie uns ein, damit wir ab und an wieder in sie hineinsehen können. Damit wir für euch da sein können, wenn ihr auf der anderen Seite ankommt, so wie ihr da seid für uns. Durch eure Augen können wir tief in eure Seele sehen, auch wenn ihr nicht in die unsere blicken könnt. Wir hoffen, dass wir auf diese Weise die Liebe, die wir in uns tragen, direkt an das Wasser eures Seins übermitteln können.

Wir kennen euch.

Ihr seid das Licht der Menschheit.

Und wir werden euch niemals vergessen.

Wir können spüren, wie es euch das Herz bricht, wenn ihr darum kämpft, den Verlauf unseres Schicksals zu ändern. Es ist wichtig für die Q'iquoq'i, dass ihr wisst, wie viel uns eure Unterstützung und euer Trost in dieser Zeit des Abschieds bedeutet. Befreit eure Herzen von dieser Last. Wir lieben euch für alles, was ihr tut, und durch unsere Musik nehmen wir euch mit uns: euch, die Hoffnung für die Zukunft aller Arten und Gaias selbst, unserer Großen Mutter.

Wir sagen euch: »Verzweifelt nicht. Wir begreifen, dass wir uns im Übergang befinden, und wir sind bereit dafür. Wir wollen nicht, dass ihr in Trauer an uns denkt, denn dadurch wird unsere Musik bedeutungslos.«

Bitte lasst eure Sorgen hinter euch. Verwandelt das Gefühl der Hilflosigkeit in Kraft und Einheit. Denn diese Energien könnt ihr nutzen, um euren Einfluss auf jene, die Leid und Tod bringen, zu vergrößern. Ihr seid es, die die übrigen eurer Art und die Hybriden wieder gesundmachen werdet. Ihr seid die geistigen Führer dieser Erde.

Wir, die Q'iquoq'i Gaias, rufen euch auf zu einer großen Mission: der Reinigung der Gewässer und der Heilung des Landes. Wir glauben, dass ihr, die Botschafter der Erde, die Weisheit und die Kraft besitzt, das Dunkel der Ignoranz in das Licht des Wissens zu verwandeln. Wir glauben, dass ihr diejenigen von uns retten könnt, die noch übrig sind und nach wie vor die musikalischen Akkorde Gaias aufrechterhalten.

Bitte helft uns jetzt.

Bitte helft jenen von unseren Clans, die ihr Leben der Erde gewidmet haben. Helft ihnen, ihre Jungen zu gebären und durch den Wind der Zeit hinweg in Freiheit die Sphärenmusik zu singen.

Helft ihnen, unser Lied am Leben zu erhalten – wenn nicht für uns, dann für euch. Und für eure Kinder, die ansonsten nicht einmal wissen werden, dass wir existiert haben, oder uns nur kennen als verblasste Bilder dessen, was einmal war und nicht mehr ist. Oder aus dem Zirkus, wo die letzten unserer Art zur Unterhaltung der Menschen noch immer durch brennende Reifen springen müssen, während sie davon träumen, endlich frei zu sein.

Und diesen Traum haben sie schon jetzt – endlich frei zu sein, den Zwingern ihrer menschlichen Fänger zu entkommen und wieder hinauszuschwimmen in die Musik des Meeres.

Acht

Die Welt, die ihr niemals richtig kennengelernt habt

In den Wasserwelten der majestätischen Meere der Erde, die im Gegensatz zur Oberfläche nur sehr wenige Menschen jemals betreten haben, herrscht ein etwas anderer Blickwinkel auf das Leben als der, den ihr Landbewohner kennt. All die Kreaturen des Wassers – von den tiefsten Ozeanen über sanfte Waldströme bis hin zu lebhaften Flüssen – leben im vollkommenen Gewahrsein dessen, dass die Lichtquanten, die die Tiefe durchdringen, die biologische Form und Dichte und den Zweck allen Lebens bestimmen, das unterhalb der Wellen angesiedelt ist.

Wir vermuten, dass ihr das Licht als etwas Selbstverständliches hinnehmt, weil ihr ihm viel näher seid als wir und es mit weitaus größerer Intensität erlebt. Wir entnehmen diese Informationen den Mythen unserer Älteren, die einst als Säugetiere auf dem Land lebten. Wir sind uns dieser Dinge sicher, weil unsere Ältesten in aller Klarheit die Geschichte der Zeit vor der Zeit überliefert haben, in der sie die feste Erde unter ihren Füßen spürten und Luft atmeten, wie es auch andere Säugetiere tun – und wie auch wir es, nur zur Erinnerung, bis zum heutigen Tag tun.

Wir tragen das genetische Gedächtnis des prähistorischen Lebens unserer Spezies jenseits der Tiefe in uns. Es ist in unseren Erbanlagen kodiert, genauso wie es eingebaut ist in unsere derzeitige körperliche Gestalt, in der wir im Wasser leben.

Selbst jetzt, unzählige Monde später, müssen wir noch immer dieselbe Luft atmen wie ihr, um überleben zu können. Unser

Überleben ist der Hauptgrund, aus dem wir regelmäßig an die Wasseroberfläche kommen und Luft einatmen – unseren Lebensstrom. Aber es ist nicht der einzige Grund. Denn wenn der Grund unseres Hierseins nur darin bestünde, uns zu vermehren und als Spezies zu überleben, dann hätten wir uns einfach weiterentwickeln können.

Doch der Grund unseres Hierseins ist weitaus umfassender. Wir lieben es, gemeinsam auf den Wellen zu reiten, mit den Luft-Spirits zu tanzen, unsere weitreichende Einstimmung auf die äußeren Welten und seine Elemente zu feiern, so wie auch ihr sie feiert.

Wir weben unsere wasserakustischen Schwingungen in die Elemente Erde, Feuer und Luft ein, damit auch sie von den universellen Mustern unserer Musik – des Liedes der Cetaceaner – geprägt werden, so dass sie sich in allen Aspekten der Realität widerspiegelt.

Die frühen Tage unserer Ältesten in der Welt der Landbewohner und die Geschichte ihrer Migration in die unberührten Ozeane der Welt sind im Gedächtnis unserer Spezies noch genauso lebendig wie damals. In unserem Kollektivbewusstsein sind sie heute noch so frisch wie eine Brise auf dem Wasser … so unvergesslich wie die Farben der Dämmerung eines neuen Tages … so frisch wie die Kühle der Nacht, wenn der Mond zur Linse des Sonnensterns wird und sich das Licht wie Eiskristalle auf dem Wasser bricht.

Wir lieben es, uns unsere Vorfahren vorzustellen, Erdbewohner wie ihr, die all die Klänge der äußeren Welt wahrnahmen und sie in die Gedankenströme nachfolgender Generationen einbanden. Sie lehrten uns, wie man die süßen Melodien der Erde in die Kosmische See hinaussingt! Wir tragen die kristallinen Erinnerungen an all das in unseren Körpern, genauso, wie wir sie aufgezeichnet haben in Herz und Verstand jeder einzelnen Bewusstseinseinheit, jedes einzelnen der Moleküle, die zusammen das Wasser bilden, und jedes einzelnen goldenen Sandkorns.

Hier in der Wasserwelt gibt es keine Hierarchie, keine überlegene Rasse oder Spezies, ganz gleich, was man euch glauben gemacht hat. Jeder einzelne Wasserbewohner, jeder Schwarm hier weiß, dass Licht ein Segen ist – der Grund für unsere Existenz. Und wir streben unser ganzes Leben lang, über zahllose Generationen unseres vereinten Erfahrungs- und Erinnerungsfeldes hinweg, danach, das Licht zu erreichen.

Dort, wo das Leben in den tiefsten, dunkelsten Ecken des Meeresbodens gedeiht, erzeugen jene Geschöpfe, die das Licht nicht erreichen können, mithilfe ihres eigenen Energiesystems Licht, so dass sie die Dunkelheit für den Schöpfer erhellen. Ihr Licht erhellt ihre Umgebung genauso stark wie manche eurer Geräte.

Das ist ihre Aufgabe, ihr Zweck: Licht an die letzten Enden der Erde zu bringen, in die größten Tiefen der Meere, wo sich der Sonnenstern nicht manifestieren kann. So erinnern sie uns daran, dass der Stern – die Göttin – und ihre Kinder *alle* Teil des Prozesses sind, durch den auf jeder Station Licht erzeugt wird, und dass wir alle dazu bestimmt sind, Strahlenweber zu sein.

Doch darüber sollten wir nicht vergessen, dass auch in der heiligen Dunkelheit selbst Herrlichkeit liegt. Das Leben, ein Feld sich selbst erhaltender Wahrscheinlichkeiten, die aus der Vorstellungskraft des Schöpfers geboren wurden, vermehrt sich in den tiefsten Gewässern und den dunkelsten Höhlen – und auch dies ist ein Bestandteil der Magie aller Dinge. Es schenkt unserer Erfahrung Konsistenz und Reichtum – neue Bedeutung.

Dort hören wir die Echos des Refrains der Erde, wie sie durch die Echos weit entfernter Lichter wogen.

Wir schwimmen an diesen Orten vorbei, lassen unsere Lieder in die Unterwasserhöhlen dieser geheimnisvollen Welt schallen, die wir fast nie betreten können, da unsere Körper zu umfangreich sind. Fast alle unserer Art brauchen offenes Wasser, um ihre majestätischen Körper lenken zu können. Doch wie sehr lieben wir die Echos, die aus diesen unergründlichen

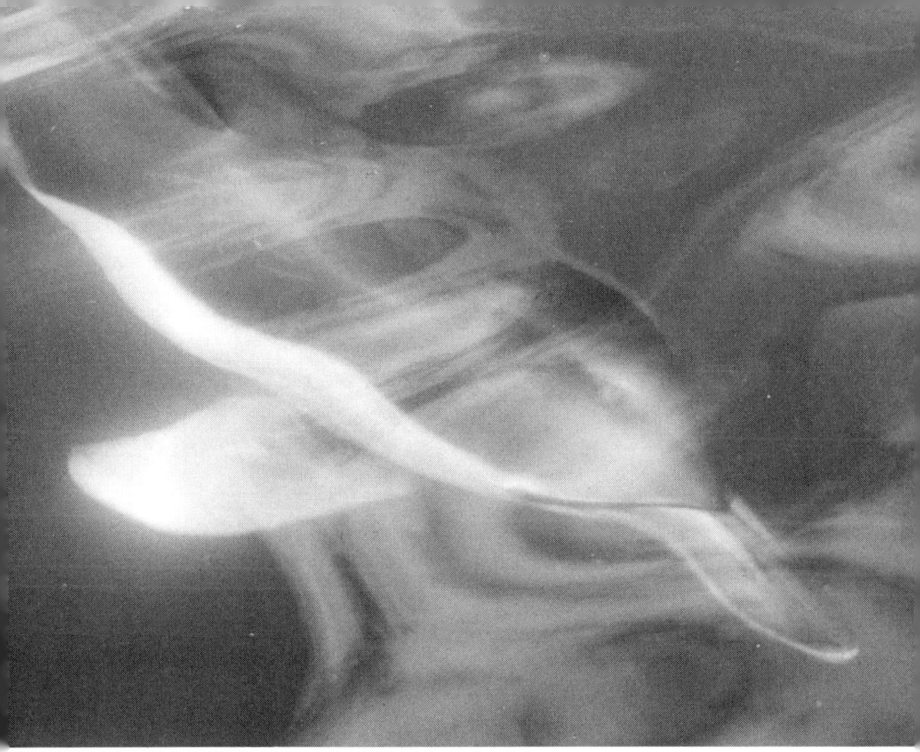

Felshöhlen und tiefen Gräben zu uns zurückkehren! Sie sind die Wandteppiche eines großen Designs, in dem wir die Ozeanweber sind – durch Gesang und Schwingung und durch das Licht, das uns durchströmt.

Wir erfreuen uns an der Magie dieser Augenblicke, auch wenn wir noch begreifen müssen, wie es sein kann, dass Musik in die Dunkelheit eintritt und sie dennoch nicht vertreibt.

Denn unserem Verständnis nach ist Musik Licht!

Unser Zweck, die Seelenintention aller Cetaceaner, besteht darin, das Kristallgitter der musikalischen Harmonien – also heiligen Klang – durch die Gewässer der Welt zu weben. Damit erhalten wir die höheren Schwingungen von Gaias emotionalem Körper aufrecht, wodurch Gleichgewicht herrschen kann und das Herz Gaias von Freude erfüllt wird.

Über die Kosmische See senden wir es zu den heiligen Geometrien der Schöpfung.

Wir singen nicht nur von ihr aus, sondern auch durch und für sie. So verhielt es sich im Meer für Millionen von Jahren. Was war es nur für eine spektakuläre, wunderschöne Welt, die wir, die Q'iquoq'i Gaias, erleben durften. Es war eine Welt voller Reichhaltigkeit, in der es Licht, Nahrung und Harmonie im Überfluss gab. Wir machten Musik, webten jede einzelne Note durch das Licht Spirits. Das war der Grund unserer Existenz als Individuen und als Kollektiv.

Wir wissen, wie das Leben sein kann für jedes Geschöpf, von Riesen wie uns über die winzigen, fast unsichtbaren Partikel, von denen sich viele von uns ernähren, bis hin zu den Pflanzenreichen und dem bewussten Geist eines jeden Sandkorns.

Wir wissen, wie es all die Zeitalter hindurch war.

Und wir wissen auch, wie es werden kann.

Kann eure Spezies dasselbe von sich behaupten?

In der Welt, die ihr niemals richtig kennengelernt habt, sind nicht alle Pflanzenformen fest auf dem Meeresboden verankert. Nicht alle klammern sich mit ihren Wurzeln an den Grund, wie ihr das von der Pflanzenwelt an der Oberfläche kennt.

Hier unten sind auch die Pflanzen Migranten, neugierige Seefahrer. Manche laufen, andere schwimmen durchs offene Meer. Wieder andere lassen sich mit der Strömung treiben, immer im Einklang mit den Rhythmen Gaias. Es gibt auch Pflanzen, die an einen Ort ihrer Wahl umsiedeln und sich dort niederlassen, indem sie sich an die Seereisenden hängen – an schwimmende und treibende Lebewesen, selbst an die mechanischen Riesen der Menschen.

Die Lebewesen der Gartengemeinschaften des Ozeans brauchen das Licht des Sonnensterns, damit ihre Wurzeln in den Sandboden vordringen können. Es versteht sich von selbst, dass sie im Flachwasser, wo sich die Lichtstrahlen hell in den wärmeren Blauschattierungen brechen, wuchern können. Andere, die das Licht auch von größeren Tiefen aus erreichen können, erschaffen und erhalten ihre üppigen Gartenwelten in andauernder

Bewegung und beschenken die schwimmenden Lebewesen mit Nahrung und Zufluchtsorten.

Bis vor kurzem war alles in Bewegung. In den Zyklen des Lebens waren alle im Überfluss versorgt. In diesem Zustand harmonischer Koexistenz und gemeinsamer Schöpfung gab es keine Verschwendung, kein Ungleichgewicht und keinen Mangel.

In dieser Welt aus ehrfurchtgebietendem, interaktivem Licht und Musik, in der die Lebensformen eine zeitlose Realität lang in Frieden lebten, waren sich alle dessen bewusst, dass sie als Ausdruck des Hochgefühls der Göttin Gaia existierten.

Damals, als die Erde noch viel jünger war, konnten unsere Ältesten ihre Stimme hören – ja, sie konnten Gaias Gedanken hören, wie sie in den Gewässern ihrer Welt widerhallte. Unsere Großmütter gaben die Geschichten an zahllose Generationen weiter: die Geschichte von Gaias Gebeten.

»O Großer Schöpfer«, flüsterte sie durch den Kosmos. »Das Geschenk deines Lichts, das sich durch mich hindurchbewegt und meine Jungen nährt, rührt mich zutiefst.«

»Ich bin der Puls, der Fluss, ich bin die Gebende und die Empfängerin«, wiederholte sie immer wieder. »Ich bin der Kanal, durch den der Strom bewussten Gewahrseins geboren und wiedergeboren wird, für alle Zeiten.«

Ganz deutlich hörten die Großmütter ihre Stimme, und sie frohlockten, wenn die himmlische Freude ihrer reinen Existenz durch die Luft, die Gewässer, die Erde schwang. Das Feuer der Vulkane explodierte wie ein großes Crescendo, in dem sich jeder Bestandteil der Symphonie in perfekter Tonlage und vollkommener Harmonie befand.

Aus den Höhen dieser bewegenden Emotionen begann sie, in Form der Geschöpfe, die sie gedeihen ließ, die Farben der Liebe zu verbreiten – diese unendliche Palette des Zusammenspiels von Dunkelheit und Licht.

Alles war Farbe, alles war Musik: das symphonische Liebeslied von Gaias Seele. Ganz sanft manchmal, dann wieder kraftvoll und triumphierend schallte es durch die inneren und äußeren Welten ihres Seins.

Bevor unsere Großväter die Last der schnell verfallenden Umwelt unserer veränderten Realität tragen mussten, hörten sie sie wieder sprechen, ganz leise nur. Aber sie hörten sie trotzdem: »Ich bin die Große Mutter!«

Es war ein Schrei, kein Gebet, kein Freudenruf.

Sie, die hingebungsvollen Instrumentalisten des Orchesters des Lebens, versammelten sich. Sie übertrugen unsere Musik von Meer zu Meer, spielten die misstönenden Noten der Schmerzen der Mutter für all ihre Blutsbrüder: die gesamte Q'iquoq'i-Gemeinschaft.

Es war ein Notruf, und unsere ganze Familie konnte ihn hören.

Sie spielten, sie sangen, sie sprangen hinauf in die Sonne, und dann trugen sie die Wärme des Sonnensterns hinab in die tieferen Ebenen, damit alle sehen konnten, was das Licht vermag. Sie waren *ein* Herz, die Heiler Gaias.

Damals, als in unserem Reich noch Leben im Überfluss vorhanden war, stand es in der Macht der Großen Wale und der Delfinwesen, das Gleichgewicht und die Freude der Großen Mutter wiederherzustellen.

Heute, wo wir zusehen müssen, wie sich die Gärten des Wassers mit dem Abfall der Menschen füllt und wir den unerträglichen Druck eurer Großen Trommeln spüren, die durch unsere Kehlen und Köpfe dröhnen, besitzen wir nicht länger die Kraft, die zahlenmäßige Größe und das Licht, um unsere Mission erfüllen zu können. Zu viele von uns sterben. Zu große Teile unserer Welt stehen unter Belagerung.

Der Mensch verändert die Beschaffenheit der Ozeane: Ihr biologischer Abdruck ist heute ganz anders als damals, als unsere Großväter und Großmütter in ihnen schwammen. Das Licht hat sich verändert, die Musik wird leiser: Die symphonische Musik der Meere wird erstickt durch die dröhnenden Klänge der Zwietracht und das Hämmern der Trommeln.

Wo einst unsere Lieder zum Chor des Planeten der Meere erklangen, dröhnen jetzt die Großen Trommeln. Sie sind übermächtig, ersticken alles andere, befehlen uns, ihnen aus dem Weg zu gehen oder zu sterben. Sie brechen, töten uns … bringen das Opus unserer uralten Melodien zum Verstummen.

Wir, die Lebewesen des Ozeans, haben ein tiefgehendes Verständnis für unsere Vernetztheit. Wir können nicht anders, als uns selbst und einander zu fragen: »Wie kann es sein, dass sich der Mensch dessen, was Gaia sagt, so wenig bewusst ist?« Sie zeigt euch durch ihre Kunstfertigkeit, was für unermessliche Möglichkeiten das Leben bieten kann. Und doch erkennen wir in unseren unglückseligen Begegnungen mit euren Kriegern und in all dem Müll an euren Küsten so viel Geringschätzung und Hass.

Ist es möglich, dass ihr dort, wo ihr auf zwei Beinen lauft, niemals ihren Herzschlag hört?

Unser Reich, das ihr niemals richtig kennengelernt habt, braucht Liebe und Licht, um gedeihen zu können. Gaia braucht unsere Musik, um fortexistieren zu können … um ihre Stabilität zu wahren.

Begreift ihr wirklich nicht, dass alles gemeinsam verschwinden wird, ganz gleich, ob ihr nun uns oder euch selbst zuerst zerstört? Auf diesem kleinen blaugrünen Planeten ist alles miteinander verbunden, und wir alle sind von euch abhängig: von der »intelligentesten« Spezies der Erde.

Wir bitten die Menschheit um Folgendes: Was auch immer es ist, das euch in der Welt dort oben quält – könnt ihr eure Konflikte nicht in euren erdzentrierten Biosphären lösen und uns euren Zorn ersparen?

Könnt ihr euch nicht über diese primitiven Verhaltensweisen hinausentwickeln und euch daran erinnern, wozu ihr erschaffen wurdet?

Die Tiefe.
Ihr seht sie **an**.
Ihr spielt **in** ihr.
Ihr nehmt **von** ihr.
Ihr **durch**pflügt sie.
Aber ihr **gehört** nicht zu ihr.

Würdet ihr zu ihr gehören, könntet ihr spüren, wie das Lied der Q'iquoq'i eure Herzsaiten anschlägt. Ihr würdet für uns einstehen, uns verschonen und ehren.
Ihr würdet uns helfen, frei zu sein und unser Leben in Erhabenheit zu leben, so wie wir es all die Zeit über getan haben – bis jetzt, wo der Menschheit die Abrechnung bevorsteht.
Jedes Lebewesen auf diesem Planeten erwartet das Ergebnis des Prozesses, den ihr gerade durchlauft.

Neun

Die Trommeln des Todes

Lasst uns euch erzählen von den himmlischen Klängen, die der Planet Erde immer schon in den Größeren Kosmos hinausgesendet hat, bis die monströsen Trommeln des Todes einsetzten.

Teil dieser gewaltigen Symphonie bewussten Designs, in der alles, was ist, seine eigene Schwingungssignatur erzeugt, war bis vor kurzem ein ganz bestimmter Klang, den Gaia als ihre eigenen Note zum galaktischen Chorus der himmlischen Geschöpfe beiträgt.

Sie strahlte Energien von unbeschreiblicher Schönheit in die Reiche jenseits der Begrenzungen ihrer eigenen aurischen Präsenz ab. So erzeugte sie in den physischen und nicht-physischen Dimensionen einen klaren und einzigartigen Abdruck im Kosmos der Seele. Es waren nicht nur ihre Schönheit und ihre beutereichen Meere, die Besucher aus anderen Welten verlockten, sich an Gaias Evolution zu beteiligen. Es war die Herrlichkeit ihres Liedes.

Millionen und Abermillionen Jahre lang waren wir Teil dieser betörenden Musik.

Wie wir euch bereits erzählt haben, weben die Q'iquoq'i aller Realitäten Klang in die Felder innerhalb und außerhalb der planetaren Grenzen. Dies ist unsere Aufgabe als die physischen Wesen, als die wir auf zahlreichen Himmelskörpern leben. Und es ist auch unsere Aufgabe als die aufgestiegenen Lichtkörperwesen, als die wir in den höheren Reichen leben werden, wenn wir diesen Übergang vollzogen haben.

Ein wahrhaft spirituelles Geschöpf versteht, dass es dazu in der Lage ist, Klang zu erzeugen, der kein Klang ist, Musik, die noch nicht gespielt wurde, Energie, die das Feld bildet, durch das die Harmonien widerhallen. Einige von euch haben sich mit der Mechanik des Klangs vor und jenseits des Klangs beschäftigt und beginnen langsam, sie zu verstehen. Sie begreifen, wie ihre Schwingungen dem, was um sie herum und in ihnen geschieht, den Weg bereiten.

Ihr betretet einen Raum und spürt die Schwingungsebene der Geschöpfe in eurer Umgebung ansteigen, so dass sie mitschwingen können mit euren eigenen wundervollen Energiefeldern. Einige Menschen können diese Verschiebungen spüren, sind sich aber nicht darüber im Klaren, was genau sich an den Energien im Raum verändert hat. Dennoch können sie eure Präsenz durch ihre Haut dringen spüren.

Wir von den Q'iquoq'i-Stämmen, ganz gleich ob in unserer körperlichen Form oder als Lichtwesen, sind uns dieser Schwingungsfelder stets bewusst. Wir stellen sie uns vor als »Klänge vor dem Klang«. Alles ist Schwingung, und diese Schwingung können wir sehen und spüren. Die Q'iquoq'i aller Dimensionen tragen diese Fähigkeit, den Klang vor dem Klang durch die Haut in den gesamten Körper dringen zu spüren, in ihren Genen. Dies steht in Zusammenhang mit unserem Auftrag in den physischen Welten, deren Meereswelten wir durchstreifen. Wir sind Meister in der Fähigkeit, diese Wellen nicht nur zu empfangen, sondern auch zu versenden.

Zu dieser Stunde der gaianischen Evolution halten wir es für absolut notwendig, euch zu erklären, wie wir den Klang vor dem Klang nutzen, um den Planeten ins Licht zu halten. Auf diese Weise verhindern wir, dass das Dunkel der Ignoranz seine faden Akkorde im Körper der Großen Mutter verankern kann. Es ist die Zeit unserer Wiedervereinigung, eine Zeit, in der die Q'iquoq'i der Erde in den Genuss direkter Kommunikation mit der Menschheit kommen – so wie es vor sehr langer Zeit schon einmal war.

Die Kommunikation zwischen uns hat bereits begonnen: als telepathische Erfahrung, wenn ihr uns in den Ozeanen besuchen kommt, aber auch dann, wenn ihr einfach nur an uns denkt und uns in euer Licht emporhebt. Doch jedes Mal, wenn ein Q'iquoq'i von Menschenhand erlegt wird, wird das Licht dunkler. Der Prozess, in dem wir gemeinsam die Trennwand zwischen der Sprache der Menschen und dem Lied der Cetaceaner niederreißen, gerät ins Stocken. Er verliert sich in der Grausamkeit dieser sinnlosen, lieblosen Handlungen.

Doch wir streben noch immer danach, euch zu erreichen.

Bevor wir euch verlassen, möchten wir eure Aufmerksamkeit darauf richten, dass unser Lied bewusst zum Schweigen gebracht wird und Gaias Meere zerstört werden. Es ist eine Situation von höchster Dringlichkeit.

Der Schatten, der auf dem Planeten Erde zugange ist, will unbedingt, dass das göttliche Licht von Gaias Schöpfung in einen Mantel der Angst eingehüllt wird. Er will, dass Gaias Musik zum Verstummen gebracht wird. Eure Raubtiere, die Mächte der Dunkelheit, sind fest entschlossen, Gaias Lied durch ihre eigenen Abdrücke zu ersetzen – die zerstörerischen Schwingungen von Chaos und Zorn. Sie haben vor, die Frequenzen – die Schwingungsessenz – der Erde zu reduzieren. Ihr Plan dient letztlich ihrem Heimatplaneten und seiner Reise durch den materiellen Raum.

Sie haben vor, die Q'iquoq'i und damit die Verbindung zwischen Gaia und der Familie des Lichts zu zerstören. Wir, die Cetaceaner des Planeten der Meere, verankern das Licht, das zu Gaia ausgesendet wird. Mithilfe von Klang weben wir das kristalline Licht in die Meere, prägen seine Leuchtkraft ein in die Wasserkristalle. Wir tragen das Licht in unserem Geist, unserem Herzen, unserer Seele.

In jedem Ozean, jeder Bucht, jeder Wasserstraße auf diesem Planeten wurden mittlerweile große Schallwellentürme errichtet, die unerträglich laute akustische Druckwellen aussenden. Diese sind so intensiv, dass sie unsere Körper von innen zerfetzen. Wir bezeichnen diese Schallwellen als die »Großen Trommeln«. Die Schwingungskraft und die Klänge, die diese Waffen ausstrahlen, beeinflussen jede einzelne Zelle unserer körperlichen Formen und reorganisieren das Bewusstsein des Wassers selbst.

Alles wird von ihnen beeinflusst: die Lebewesen, die Wellen – selbst die Wolken.

Alles versinkt im Chaos.

Unsere Gehirne fließen in die Meere, werden zu Futter für die Aasfresser. Wenn es uns nicht rechtzeitig gelingt, den Großen Trommeln zu entkommen, indem wir uns gemeinsam mit unseren Lieben an den Strand wälzen, sinken unsere von innen verblutenden Körper auf den Meeresboden hinab, unbeachtet von jenen, die uns zerstören.

Unsere Musik – eure Musik – die Musik des Lichts – verstummt.

Wenn die Großen Trommeln in den Ozeanen dieses wundervollen Planeten erklingen, gibt es keinen Ort mehr, an dem wir uns verstecken können.

In diesen quälenden Augenblicken können wir nur noch an eines denken, fällt uns nur eine Lösung ein: *sofort* aus dem Wasser zu flüchten! So erklären sich unsere kollektiven Selbstmorde, die euch vor ein so großes Rätsel gestellt haben. Deshalb stoßt ihr an den Stränden immer wieder auf unsere Gemeinschaften des Todes. Wir wissen, dass der Tod unser einziger Ausweg ist. Es gibt keinen anderen Ort, an den wir gehen könnten.

Wir wissen genau, was es bedeutet, verzweifelt durch die tiefsten Tiefen zu hasten, zu versuchen, an die Oberfläche zu gelangen, wo wir uns verfrüht dem Tod ausliefern. Denn der Tod ist weitaus süßer als die Qualen, die durch die Großen Trommeln entstehen. Er ist auch süßer als unsere Mutlosigkeit in Anbetracht der bloßen Vorstellung, wie viel Missachtung der Erhabenheit des Lebens entgegengebracht wird. Wir verstehen die Großen Trommeln als eine Form von Krieg der Dunkelheit gegen das Licht mit dem Ziel, das Lied Gaias zum Verstummen zu bringen. Denn wir sind uns des Übergangs unserer Heimat in die höheren Reiche weitaus bewusster, als ihr glaubt.

Ja, wir wissen, was wirklich hinter dieser Brutalität steckt.

Und wir glauben, dass auch ihr euch dessen bewusst seid.

Was wir und die anderen Lebensformen auf diesem Planeten noch nicht wissen, ist, was ihr dagegen zu tun gedenkt.

Wenn ihr die tosenden Gewässer von Gaias Emotionen besänftigen wollt, müsst ihr euch jetzt voll und ganz darauf konzentrieren, dem Krieg in und auf den Ozeanen ein Ende zu setzen. Ihr müsst die akustischen Eingriffe beenden, die den Meeresbewohnern von den Todesschiffen der Menschen und ihren Türmen an Land und in den Tiefen des Wassers aufgezwungen werden.

Die Großen Trommeln müssen verstummen, bevor die Landmassen der Erde von den tosenden Meeren überschwemmt werden, in denen die Musik der Q'iquoq'i nicht mehr zu hören ist. Dieser Schritt ist wichtiger als die Bekämpfung der Vergiftung der Meere, des Mordens und der Verdunkelung der Ozeane mit dem Blut Gaias. Die Großen Trommeln müssen zum Verstummen gebracht werden, wenn die Erde überleben soll.

Die Zeit, zu der unsere Väter diesen Schallwellenexplosionen, die heute in allen Ozeanen zu hören sind, erstmals ausgeliefert wurden, liegt noch gar nicht so lange zurück. Jene von uns, die sich in der Nähe der Großen Trommeln befanden, wurden sofort zerfetzt – zerstört. Ihre Schreie wurden erstickt durch die Intensität dieser Schallwellen, die ihr Landbewohner nicht einmal hören könnt.

Doch die Schwingungen dieser entsetzlichen Trommeln dringen ebenso durch eure Körper wie durch unsere. Auch in euch erzeugen sie eine Disharmonie von gewaltigem Ausmaß – ihr seid euch dessen nur noch nicht bewusst, weil die meisten von euch noch nicht dazu in der Lage sind, mit derselben Deutlichkeit wie andere Arten Klang mit euren Körpern zu spüren.

Doch bald wird es euch bewusst werden. Dann werdet ihr die unerträgliche Macht der Trommeln am eigenen Leib spüren.

Es dauerte, bis sich die Nachricht in der gesamten Gemeinschaft der Q'iquoq'i verbreitet hatte. Diejenigen unter uns, die weit genug entfernt gewesen waren, um zu überleben, wurden aus der Harmonie gerissen und von Grund auf erschüttert. Keiner von uns konnte sich ein Geschöpf vorstellen, das so gigantisch, so gewalttätig und misstönend ist, dass es ein so schreckliches Geräusch erzeugen könnte. Auch konnten wir uns nicht erklären, warum irgendein Geschöpf einen solchen Klang erzeugen *wollen* sollte. Was für ein unvorstellbares Ungeheuer musste es sein, das sich so viel Tod und Zerstörung wünschte?

Zu unserem Bedauern durften wir lernen, dass es sich bei diesem Ungeheuer um die dunkelste Seite des Menschen handelt. Es ist der unersättliche Appetit all jener Menschen, die an Zerstörung und Macht glauben, all jener, denen die Schlachtfelder ihrer eigenen Kriege in ihrer eigenen Welt – den Landmassen der Erde – nicht ausreichen.

Diese unerträglichen Frequenzen liegen außerhalb des menschlichen Hörbereichs. Dennoch, das können wir euch versichern, beeinflussen sie euch auf der Zellebene. Sie betreffen euch ebenso direkt wie uns und die Lebewesen der inneren Welt, in der sich die aus Atlantis und Mu hervorgegangenen Zivilisationen niedergelassen haben, um der Gewalt zu entkommen und im heiligen Leib der Göttin in Frieden zu leben.

Ganz gleich, ob ihr euch der Quelle dieser unruhestiftenden Klänge nun bewusst seid oder nicht – ihr durchlebt einen chaotischen Einfluss, der nicht nur euer Inneres betrifft, sondern auch atmosphärische Mutationen auf unserem Planeten verursacht. Diese Wellen unerträglicher Disharmonie sind von einer solchen Intensität, dass sie die Ozeane durchpflügen, über die Landmassen hinwegfegen und bis tief in den Leib der Erdmutter vordringen. Nichts kann ihnen entgehen.

Sie durchdringen den dunklen Nachthimmel, sie verzerren das strahlende Licht des Sonnensterns. Sie tränken die Körper aller Lebewesen und die von den wundervollen Energiefeldern der Erde aufsteigenden Dämpfe.

Sie veranlassen Tiere und Menschen zu gewalttätigem Verhalten, das nicht durch emotionale oder persönliche Erfahrungen verursacht wurde, oder lassen sie, so wie es bei uns Q'iquoq'i ist, den Freitod suchen, um das Leid zu beenden.

Die Spirits der Elemente … Kennt ihr sie? Wir begegnen ihnen in den lichterfüllten Wassern der reinsten Meere, wir sehen sie als Lichtformen über den Wellen tanzen. Sie glitzern im kristallinen Sand und wirbeln durch die feurigen Strahlen des gleißenden Lichts des Sonnensterns.

Wenn die Trommeln des Todes erklingen, kollidieren diese Elementarwesen. Alles stürzt ins Chaos, wird dissonant. Die Anmut und die Schönheit des Lebens verwandelt sich in Verzweiflung, Gewalt und Leid, in denen sich Ignoranz und vollkommene Gleichgültigkeit widerspiegeln.

Die Muster des bewussten Designs werden zerschmettert.

Das Leben wird zum Tod.

Die Liebe unterwirft sich der Angst.

Und die Dunkelheit kriecht langsam über die mächtigen Gipfel der Landmassen und durch die ruhigen Täler der Meere.

Wir wissen, dass es abgesehen von euch Menschen beziehungsweise den dunklen Kriegern, welche die Mörder unter euch anführen, unter den Lebewesen, die den Körper dieser wundervollen Gottheit mit euch teilen, im Augenblick keine bekannte Kreatur gibt, die zu so vollkommener Gewalttätigkeit imstande wäre.

In dieser Ära der menschlichen Vorherrschaft über die Ökosysteme übernehmen Kräfte, die die Menschheit durch Manipulation in Richtung Gewalt lenken, die Herrschaft über die Ozeane und zerstören diese systematisch. Eine kleine Anzahl von Menschen hat unendlich viel Schaden angerichtet – wobei die

Misswirtschaft mit euren Abfällen etwas ist, wofür ihr alle gemeinsam verantwortlich seid. Die Zerstörung der Ozeane erfolgt absichtlich, und die Verantwortlichen fechten ihren Krieg gegen den Planeten der Meere – die Welt, die wir lieben und anbeten – jetzt mit noch größerer Entschlossenheit aus.

Einige plündern die Meere einfach nur, um ihre akuten Bedürfnisse und visionslosen Wünsche zu befriedigen. Manche sind so gedankenlos, dass sie die Gewässer der Erde als Müllhalden benutzen. Andere halten die Ozeane für einen unerschöpflichen Quell der Nahrung und des Vergnügens, der ausreicht, um die unersättliche menschliche Rasse bis in alle Ewigkeit mit Ressourcen zu versorgen.

Wieder andere aber sind kalt und durchtrieben und handeln in vollem Bewusstsein gegen die Ozeane. Sie sind kaltblütige Krieger, die unserem Reich den totalen Krieg erklärt haben. Sie sind es, die die Großen Trommeln erschaffen haben und bedienen. Und ihr, als menschliche Rasse, erteilt ihnen die Erlaubnis, uns aus den Ozeanen zu vertreiben. Denn ihr reagiert mit Gleichgültigkeit, wenn sie ganz offen erklären, dass sie ihre Experimente im Meer durchführen wollen. Ihr akzeptiert blind das, was man euch als die Wahrheit über eine omnipräsente Bedrohung verkaufen will, durch die sie euch an eure Angst ketten.

Die Auswirkungen, die die monströsen Maschinen und ihre widerwärtigen Klänge auf die Meere haben, sind unendlich groß. Sie verändern die Musikströme des Ozeans – die Strömungen und Wellen –, übertönen den Chor des Lebens und verändern die Wellenmuster der Ozeane selbst.

Die Wellen, die ihre eigenen Schwingungsbotschaften zur Küste tragen, wo sie das Kristallgedächtnis des Sandes kodieren, werden unregelmäßig und verlieren sich in der Kakophonie dieses gefährlichen Infraschalls. Es kommt zu einer dramatischen Verschiebung in der Wellendynamik, durch die die gigantischen Wasserwände entstehen, die gegen eure Küsten donnern. Im

Meer und auf dem Land, wo eure Spezies lebt, geht die Harmonie verloren.

Die Pflanzengemeinschaften der Tiefe sind erschüttert worden. Ganze Wälder, in denen die Wasserbewohner Nahrung und Zuflucht fanden, sind mit einem Schlag ausgelöscht worden. Das helle Strahlen, das ganze Spektrum des Lebens, verschwindet.

Verloren sind die Musik, die Harmonie und das Lied. Die Zerstörung, die dieser mutwillige Missbrauch verursacht, prägt sich ein in das Gedächtnis des Wassers, wodurch es so gut wie unmöglich wird, ein Leben nach Mustern harmonischen Designs wiederaufzubauen.

Viele Arten – die Kollektive, die Meeresbewohner, die Geflügelten – sind nicht mehr in der Lage, sich fortzupflanzen, und stehen kurz vor dem Aussterben. Andere sind bereits für immer verschwunden. Uns allen ist klar, dass dies das Ergebnis der dramatischen Störungen in den Klängen der Erde ist, die eure Krieger in und auf allen Feldern Gaias verursachen.

In der gesamten Schöpfung finden sich ein Lied und ein Tanz – ein Ritual, das zum magischen Augenblick der Schöpfung führt, zu dem Akt, durch den wir durch die Zeugung neuen Lebens unsere Spezies weitertragen. Von den kleinsten Krabbeltieren bis hin zu den ehrfurchtgebietendsten Exemplaren unserer Sippe tragen alle Lebewesen diese magischen Rhythmen in sich, die bestimmen, wie neues Leben geformt wird, wenn wir uns vereinigen.

Dies ist die Beredsamkeit der Schöpfung: der Tanz und das Lied. Sie sind eingewebt in die Jahreszeiten, in die Gewässer, in das Licht des Sonnensterns und hallen wider in den kältesten Höhlen und Felsspalten, den Resonanzböden unseres Cetaceaner-Orchesters. Die Bewohner von Luft, Land und Wasser hören in der Stunde der Erfüllung, in der wir für den Schöpfer neues Leben zeugen, diese Musik. Hört ihr sie auch? Wenn sie unhörbar wird, nimmt das Verlangen ab – und ebenso das Bedürfnis nach Fortpflanzung. Die Bereitschaft, neues Leben in eine Welt ohne Harmonie zu bringen, nimmt ab. Und so verschwindet nach und nach die gesamte Spezies. Warum wehrt sich der Mensch gegen das göttliche Design? Dies ist eine Frage, die die bewussten Wesen all der Reiche Gaias nicht beantworten können.

Es ist ein großer Dialog zwischen den Arten im Gang, der sich mit den erschütternden Energien des *Homo sapiens* auseinandersetzt. Viele Botschafter unserer Kommunikationsnetzwerke halten einen Aufstand gegen euch für die einzige Möglichkeit, den Planeten zu retten. Das Tierreich hat bereits begonnen zu rebellieren. Am Ende werden es die kleinsten Lebewesen – die Insekten – sein, die den größten Einfluss auf Erde und Meere haben – und auf euer aller Leben. Die meisten eurer Art sind sich dessen noch nicht wirklich bewusst. Doch immer mehr von euch beginnen, die Veränderungen zu bemerken, die sich im Augenblick vollziehen.

Viele von euch können sich nicht einmal vorstellen, dass wir, eure Mitbewohner auf der Erde – auf so intelligente Weise kommunizieren können. Man hat euch beigebracht, dass ausschließlich eure Spezies denken kann, dass nur *ihr* Seelen habt, dass nur *ihr* das »Recht« habt.

Aber dem ist nicht so.

Diese Menschen können nicht glauben, dass wir sprechen können oder lieben oder dass wir über einen Verstand verfügen, der zu komplexen Gedanken in der Lage ist und das größere Universum versteht. Sie begreifen nicht, wie wir über die galaktischen Bewusstseinsfelder kommunizieren.

Die Begrenztheit eurer Wahrnehmung verwehrt euch den Zugang zu den weiten Informationsfeldern, auf die die Tierwelt zugreifen kann. Doch ihr strebt nach dieser Welt – nach dem Zugang zu einem Netzwerk höheren Gewahrseins jenseits der begrenzten menschlichen Sinneswahrnehmungen. Ihr geht davon aus, dass ihr diese Fähigkeit im Zuge eures Übergangsprozesses erhaltet.

Nur wenige von euch sind dazu in der Lage, Wahrnehmungen über die Grenzen eurer Sinnesfelder hinaus zu erleben. Doch während eurer Vorbereitungen auf das, was euch bevorsteht, wird sich das ändern. In der Tierwelt verfügen alle Lebewesen in mehr oder minder großem Ausmaß schon jetzt über diese Gabe.

Vielleicht ist es an der Zeit, dass ihr unseren Nachrichten mehr Aufmerksamkeit schenkt. Denn wir schicken euch die Geheimnisse des Universums durch die Wellen.

Könnt ihr nicht zulassen, dass *wir euch* etwas beibringen?

Eure Biologen wollen sehen, dass wir ihnen unsere Intelligenz beweisen, indem wir auf ihre Grundschulspielchen, auf ihre einfachen Anweisungen und Zeichen und Zahlenrätsel reagieren.

Aber wir wollen sehen, dass *sie* uns das höhere Bewusstsein des *Homo sapiens* zeigen, indem sie unsere Herzen durch die ihren spüren und die Musik, die Schwingung und die Liebe erkennen, die wir durch die Wellen verbreiten.

Wenn die Menschheit wirklich verstehen will, wie die materielle Ebene funktioniert, muss sie bei ihren Bemühungen berücksichtigen, wie die gesamte Welt der Lebewesen – also alle Bewusstseinseinheiten, alle Lebensformen – Form aus Klang erzeugt und auf Klang reagiert. Im physischen Reich ist Klang, nicht Licht, die Grundzutat der Schöpfung. Visuelle Wahrnehmung ist der am engsten gefasste Interpretationsbereich und zweitrangig – und doch ist sie das, worauf sich die Menschheit bei ihrem Erfahren der Welt am meisten verlässt. Um die Reiche kennenzulernen, die ihr als die »höheren« Dimensionen bezeichnet, müsst ihr lernen, die Klänge des Lebens als Musik wahrzunehmen, die in eurer Seele spielt.

Wir glauben, dass ihr als Spezies deshalb so abgelenkt seid von dieser Musik, weil ihr fast vollkommen abhängig von euren Sehnerven seid, während die übrigen Lebewesen Klang nutzen, um sich zurechtzufinden und die Realität wahrzunehmen.

Während sich die Menschen auf das visuelle Spektrum verlassen, das nur ein winziger Bereich des bewussten Gewahrseins ist, haben sich die anderen Lebewesen von der Erde bis zu den äußersten Grenzen der Realität in unterschiedlichem Ausmaß auf die Klänge des Universums eingestimmt. Alles in allem hat der Großteil der Menschheit seine Fähigkeit verloren, Klang zu interpretieren, da ihr völlig fasziniert seid von der hypnotischen Wirkung des Sehens. Wir erachten das als den wichtigsten Grund dafür, dass ihr als Spezies auf die Wahrnehmung der materiellen Welt als eine Welt der Formen beschränkt seid.

Nur dann, wenn ihr nicht mehr sehen könnt, wenn ihr also nicht mehr auf visuelle Stimulierung reagieren könnt, seid ihr dazu in der Lage, *wirklich* zu sehen.

Klang erzählt euch etwas über räumliche Beziehungen – über Größenverhältnisse, Wellen und Schwingungen. Das physische Licht erzählt euch etwas über weitaus illusorischere Aspekte.

Wir sehen Klang in unseren Gehirnen. Deshalb erkennen wir die Struktur des gewebten Multiversums. Wir sehen die Harmonien, die Rhythmen der Reiche – und wie sie sich ins vereinte Feld mengen.

Wir sehen Wellenlängen, können die Geschwindigkeit und die Größe von Klängen erkennen, die in Form von Druck und Energie durch unsere Körper dringen.

Wir finden uns in der Weite der Ozeane zurecht, indem wir auf unsere eigenen Klänge lauschen, die vom Meeresboden, von Steinen und Korallenriffen zurückgeworfen werden. An der Zeit, die vergeht, bis unsere Botschaften zu uns zurückkehren, könnten wir räumliche Entfernungen bestimmen.

Die Klangdesigns, die durch den Raum hallen, sind keineswegs willkürlich oder chaotisch. Jedenfalls nicht, solange Frieden und Liebe im Überfluss vorhanden sind. Die Natur wird durch Klang zusammengehalten.

Durch unsere gesteigerten Fähigkeiten als Geschöpfe mit gewaltigen Gehirnen können wir unsere zerebralen Funktionen trennen. So ist es möglich, dass unsere eine Gehirnhälfte im physischen Reich agiert und uns durch die dritte Dimension steuert, während unsere andere Gehirnhälfte die multidimensionalen Reiche erkundet, mit denen wir ebenfalls mitschwingen.

Während sich unsere eine Gehirnhälfte im Tiefschlaf befindet, damit sich unser Organismus ausruhen kann, kann sich die andere in einem Zustand absoluten Gewahrseins – einem vollkommenen Wachzustand – befinden und alle Aktivitäten in unserer Umgebung aufnehmen und beobachten.

Es mag euch überraschen, dass wir ebenso träumen wie ihr. Außerdem machen wir außerkörperliche Erfahrungen. Wir reisen in verschiedenen – auch geometrischen – Formen durch das Multiversum und können dabei sogar erleben, was es heißt, ein Mensch zu sein.

Manche von euch besuchen wir in ihren eigenen Traumzuständen. Und auch ihr besucht uns, weitaus öfter sogar, als ihr euch erinnern könnt. Ist euch jemals in den Sinn gekommen, dass wir in solchen Momenten auf dieselbe Weise zusammen sind wie damals in Atlantis?

Wir verbrauchen im Augenblick sehr viel Energie darauf, Botschaften in die Gewässer auszusenden. So versuchen wir, Ruhe in den Ozeanen herzustellen und gegen den chaotischen Puls der Großen Trommeln anzugehen, der die Navigationsbewusstseinsmuster zerstört, die durch Klang ausgestrahlt werden.

Mittlerweile müsstet ihr euch darüber im Klaren sein, dass in den Ozeanen Gaias eine gesamte außerirdische Zivilisation lebt. Diejenigen unter euch, die solchen Dingen ihre Aufmerksamkeit schenken, dürften die zahllosen Berichte über Fluggeräte mitbekommen haben, die in den Meeren verschwinden oder aus ihnen auftauchen: Geschichten über seltsame Lichter, die über den Wellen schweben oder unter der Wasseroberfläche schimmern.

Möglicherweise habt ihr schon in Betracht gezogen, dass Besucher aus anderen Welten, die mit den Lebensformen Gaias interagieren wollen, nicht mit den Regierungen und euren gewalttätigen Anführern sprechen wollen, die über den Planeten herrschen. Auch wenn ihr das anders seht: Die Geschöpfe jenseits des Erdreichs sind sich darüber im Klaren, dass der *Homo sapiens* längst nicht mehr die am weitesten entwickelte Lebensform auf dem Planeten ist und die Kontaktaufnahme zur menschlichen Rasse große Komplikationen mit sich bringen würde.

Denn wie würde die menschliche Rasse wohl auf die Kontaktaufnahme reagieren? Wärt ihr als globale Gesellschaft überhaupt dazu in der Lage, die Möglichkeit in Betracht zu ziehen, dass Wesen aus anderen Welten das Bedürfnis verspüren, euch zu begrüßen und sich euch endlich zu zeigen? Oder würdet ihr beim ersten Sichtkontakt schießen, so wir ihr es in euren irdischen Arenen tut, wo ihr gewalttätige Lösungen dem Dialog und gegenseitigen Respekt immer schon vorgezogen habt?

Macht die Wahrheit bekannt. Die Unterwassergemeinschaft außerirdischen Lebens, die Basisstationen in allen Ozeanen errichtet hat – vor allem, aber nicht nur in den tiefen Gräben der Meere –, hält uns, die Q'iquoq'i Gaias, für die am weitesten entwickelte Bewusstseinsform auf dem Planeten Erde. Auch auf vielen anderen himmlischen Außenposten werden wir so wahrgenommen.

Wir erfahren Anerkennung für die wichtige Arbeit, die wir als Spezies leisten dürfen. Wir gelten als Kollektiv friedvoller, lebensbejahender Musiker, als Weber des kosmischen Liedes. Einige von euch erkennen uns an als Channelmedien bewusster Zivilisationen, die die Wellen vieler Dimensionen durchpflügen. Doch die meisten von euch sehen uns anders.

In den Ozeanen lebt eine große Zahl außerirdischer Rassen. Sie haben sich vornehmlich in großer Tiefe niedergelassen, wo sie sich dem forschenden Blick der akustischen Waffen entziehen können. Manche von ihnen haben nicht die höchste Schwingungssignatur, andere dagegen schon. Diese höheren Wesen interagieren mit uns. Sie studieren uns und kommunizieren mit uns. Dabei nutzen sie dieselben Werkzeuge, die auch wir verwenden, um Klang vor dem Klang zu erzeugen – Klänge von himmlischer Bedeutung, Klänge der gemeinschaftlichen Erfahrung über die Grenzen zwischen den Arten hinweg.

Der Schatten, der euch regiert, verfolgt die Absicht, diese Basisstationen zu finden und diese wachsende Gemeinschaft in den Ozeanen auszulöschen. Sie wollen die totale Kontrolle über die außerirdische Präsenz auf der Erde: totale Kontrolle über ihre Technologien, ihre Kommunikation, über eure unmittelbar bevorstehende Vernetzung mit den Lebewesen aus anderen Welten.

Ihr Endziel besteht darin, absolute Kontrolle über die menschliche Rasse und Gaias evolutionären Prozess zu gewinnen … als ob sie eine so himmlische Macht überhaupt nutzen könnten! Sie wissen, dass die Vereinigung dieser Geschöpfe mit den Q'iquoq'i und das Erwachen der Menschheit eine Kraft von so unermesslichem Licht freisetzen wird, dass sie uns nicht mehr in Schach halten könnten, wenn es erst einmal zu einer erneuten offenen Kommunikation zwischen Menschen und Cetaceanern gekommen ist.

Sie fürchten die wundervolle Helligkeit dieses Lichts.

Addiert die Gemeinschaften lichtzentrierter außerirdischer Besucher, die bereits in den Ozeanen der Erde leben, mit der Intention der Q'iquoq'i und dem weiterentwickelten menschlichen Herzen, und ihr habt eine Vorstellung von der Leuchtkraft, die eine solche Kombination erzeugen würde.

Nicht einmal die Großen Trommeln könnten uns aufhalten!

Sie wollen uns in unserer Gesamtheit auslöschen, indem sie von ihren Türmen unter der Wasseroberfläche aus akustische Impulse durch die Ozeane senden, die außerirdische Lebensformen und deren Schiffe aufspüren sollen. Ganz besonders haben sie es auf diejenigen Besucher abgesehen, die euch in eurer Stunde der Offenbarung unterstützen wollen. Doch sie können nur dann »entdeckt« werden, wenn sie freiwillig beschließen, sich zu zeigen. Keine Waffe ist dazu in der Lage, sie aufzuspüren.

Sie werden sich *dann* zeigen, wenn sie es möchten.

Der Krieg hier auf der irdischen Ebene, wo Licht und Schatten so zahlreiche Illusionen erzeugen, ist vielschichtig – einige dieser Schichten werden hinter falschen Intentionen versteckt, andere spielen sich unverhüllt direkt vor euren Augen ab. Diese zerstörerischen Verhaltensweisen bedeuten die endgültige Vernichtung des Lebens in seiner ganzen Bandbreite an Farben und Schwingungen – des Lebens, das wir hier auf dem Planeten Erde kennenlernen durften.

Blind für ihr eigenes Verhalten verwandeln ein paar wenige gewalttätige Menschen einen der schönsten Gärten des Universums in ein steriles Schlachtfeld des Todes. Wie kann es sein, dass sich die menschliche Rasse so sehr an den Krieg gewöhnt hat, dass ihr ihn sogar vor euch selbst rechtfertigen könnt? Damit zerstört ihr nicht nur eure eigene Spezies, sondern die gesamte Biosphäre.

Der Krieg, der im Augenblick ausgetragen wird, ist der größte, den es jemals gegeben hat: Mensch gegen Natur, gegen das Licht. Schon bald wird die endgültige Entscheidung getroffen. Entweder wird sie die Musik Gaias ersticken und durch das statische Summen einer Robotergesellschaft ersetzen, das Gaias Aufstieg verhindert, oder die ganze Herrlichkeit der Erde und ihrer bewussten Wesen wird klar und kristallin auf den Wellen der Kosmischen See erklingen.

Die Musik, die aus den Ozeanen aufsteigt, in die die Erinnerung an die perfekte Harmonie dieses Planeten eingeprägt ist, wurde über Millionen von Jahren hinweg in die Wassermoleküle der Erde hineingewebt. Doch wenn ihr nicht als globale Gesellschaft – als *eine* Stimme – eingreift, wird sie für immer zum Schweigen gebracht.

Bevor wir euch verlassen – wenn wir euch denn verlassen müssen –, wollen wir sichergehen, dass ihr begreift, welche Aufgabe euch bevorsteht.

Wenn wir nicht die Möglichkeit haben, Gaias Lied fortzuführen, dann liegt es bei euch.

Es läuft alles auf *euch* hinaus.

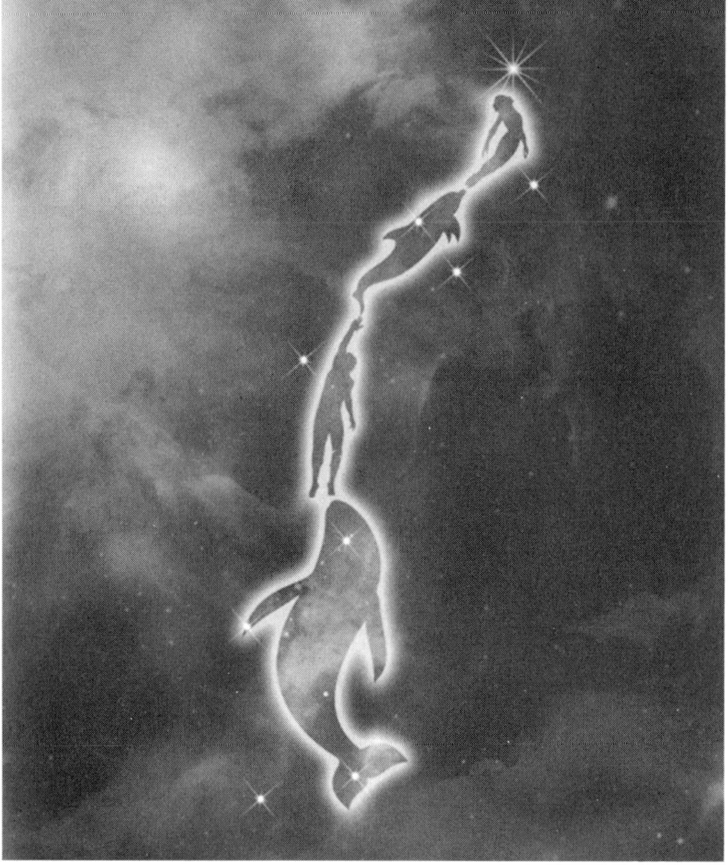

Zehn

Als wir alle Eins waren

Wir können euch über die alten Welten von Atlantis und Mu berichten, weil die gesammelten Aufzeichnungen unserer Vorfahren in unserem individuellen und kollektiven Bewusstsein abgespeichert sind. Wir erhalten Zugang zu diesen Bibliotheken der Erde, indem wir Klangschlüssel verwenden, mit deren Hilfe wir die Schwingungsfrequenzen freisetzen, die in unserem Zellgedächtnis gespeichert sind. Diese Schwingungssignaturen geben wir in die akustischen Wasserwellen ab, wo wir sie ansehen können wie Bilder, die die enorme Erfahrung Gaias zeigen.

In diesen holografischen Bildern, in denen sich die Zeit einfach in den Wellen auflöst, finden wir Zugang zu all den Codes für die Erinnerungen, die uns das Kollektivgedächtnis unserer Spezies zukommen lässt.

Wir können diese Erinnerungen an den großen Kontinent von Atlantis oder das Land Mu so bewusst durchleben, als wären wir dort wie unsere Vorfahren – genauso klar, wie wir hier bei euch sind, in der Zeit, die ihr als das *Jetzt* versteht.

Ganz gleich, ob es euch schwerfällt, das zu akzeptieren, oder ob ihr erfassen könnt, wie frei wir uns durch das bewegen, was viele von euch für unsere Begrenzungen halten – wir können euch versichern, dass wir Zeitreisende des Universums sind.

Wir können euch von unseren Erlebnissen mit euch erzählen, als die Menschheit noch in den Kinderschuhen steckte. Davon, wie unsere Vorfahren zu einer Zeit mit euch zusammenlebten, in der ihr in den großen Ozeanen weitaus mehr zu Hause wart als heute, und in der unsere Vorfahren hin und wieder die sandigen Küsten der alten Welten entlangspazierten.

Eure großartigen Vorfahren fühlten sich in den Ozeanen ebenso wohl wie auf dem Land. Denn sie waren ganz und gar auf den Herzschlag der Großen Mutter eingestimmt. Sie kannten keine Angst, denn sie töteten nicht. Sie kannten keine Begrenzungen, denn sie waren mit der Seelenessenz aller Geschöpfe verbunden. Sie kommunizierten mit den Spirit-Reichen, ehrten sie auf jede erdenkliche Weise, und sie waren sich ihrer Verbindung zu den Sternenwesen stets bewusst – den Sternenwesen, die eure Vorfahren offen durch jene Stunde der menschlichen Evolution hindurchleiteten. Eure Ahnen spielten mit den Spirit-Führern der Meere, und diese spielten mit ihnen.

Wir waren dort. Wir lehrten euch, wie man den Klang vor dem Klang spürt; wir lehrten euch, wie man die Musik der Tiefe interpretiert.

In der Stunde eurer Geburt strahlten eure Augen so hell wie die Sonne auf dem Meer. In ihnen spiegelte sich euer segensreiches Gewahrsein um eure eigene Göttlichkeit wider. Wir waren dort. Wir haben euch gefeiert. Unsere Vorfahren sahen zu, wie ihr auf der Erde geboren wurdet – als ein Geschenk der höheren Reiche. Neue Lieder wurden für euch gesungen. Neue Melodien spielten auf den Herzsaiten Gaias. Sie sangen von der neuen Rasse, die der Großen Mutter geboren war und die ihr durch alle Zeiten hinweg als Wächter dienen sollte.

Wir webten diese Musik ein in das Lied von Erde und Meer. Euer Lied wurde Teil unseres Liedes. Unsere Lieder waren miteinander verflochten wie die Lichtsaiten der kosmischen Intelligenz, die in alle Lebewesen eingewoben sind: die DNS des galaktischen Verstandes.

Könnt ihr euch diese Ur-Erde vorstellen? Diese lang vergangene Zeit, in der alle Lebewesen von den harmonischen Klängen der Königreiche Gaias eingehüllt waren? Könnt ihr euch eine

Welt ohne Krieg, ohne Krankheit und ohne Leid vorstellen? Ihr scheint euch so weit von dieser Erfahrung entfernt zu haben, dass ihr diesen Zustand nicht einmal mehr begrifflich fassen könnt: ein Leben in Frieden mit allen Dingen, allen Lebewesen. Eure Spezies scheint zu glauben, dass ihr nicht dazu in der Lage seid, diesen Zustand jemals wieder zu erreichen.

Und dennoch ist dieser Glückszustand in den empirischen Mustern von Gaias Gedächtnis gespeichert. Das Lied der frühen Tage der Erde ist in ihren Kristallfeldern gespeichert – in jedem Punkt, jedem Cluster, jeder Mineralschicht ihrer Form. Jetzt, im Winter ihrer Lebenszeit, gewinnt ihr eure Erinnerungen durch diese Formen wieder. Die Kristalllehrer helfen euch dabei, euch an die alten Welten zu erinnern. Denn ihr sucht nach Frieden und verlangt danach, zu einem Leben in Harmonie mit den Königreichen der Natur zurückzukehren.

Genauso, wie wir Bilder in den Wasserreflektionen von Gaias Bewusstsein sehen, lernt ihr, die kodierten Informationen im erstarrten Wasser des Kristalls wahrzunehmen. Ihr beginnt, die Geschichte Gaias zu lesen, und erinnert euch so an die wahre Geschichte des *Homo sapiens.*

Stellt euch eine Zeit, einen Ort, eine Schwingung von hellstem Licht und größter Harmonie vor – einen Zustand, in dem Frieden die Proportionen von Klang, Licht und Schwingung auf allen Feldern der Lebenden kennzeichnete.

Es ist eine Welt, die ihr einfach nicht vergessen könnt. Denn sie ist eingeprägt in euer Kollektivgedächtnis. Es ist die Hochzivilisation von Atlantis, die am Beginn des Geburtsprozesses eurer Spezies stand. Und es ist Mu, das Land der Lemurier auf der anderen Seite des Planeten der Meere. Doch es gab auch noch zahlreiche andere Zivilisationen, die vor langer Zeit in den Ozeanen versanken, als ihr noch mit den Q'iquoq'i verbunden wart. Eure Spezies war uns nahe, begrüßte uns mit offenen Armen, erlebte während eurer Evolution als menschliche Rasse verschiedene Momente, in denen sich eure bewusste Erfahrung ausdehnte.

Ihr könnt diese Vision in eurem Geist hervorrufen und euch selbst ins frühe Atlantis oder ins Land Mu transportieren, in diese Zeit der Wunder, in der verschiedene Arten offen miteinander kommunizieren konnten und Menschen und Q'iquoq'i im Meer ihr Leben teilten. Ihr könnt diese Erinnerungen erneut durchleben, wenn es euch gelingt, das schlafende Zellgedächtnis freizusetzen, das in euch kodiert ist.

Damals lebte der Mensch in einem herzzentrierten Bewusstsein und verfügte über die Fähigkeit, das Bewusstsein aller Lebewesen zu spüren: von den Steinen und Kristallen des Mineralkönigreichs, das die Bibliothek der Geschichte Gaias ist, über die großen Bäume und weichen Gräser bis hin zu den majestätischen Geschöpfen im Meer und auf dem Land.

Unsere Vorfahren konnten längere Zeit außerhalb des Wassers verbringen und verbrachten kurze Zeiträume an Land, wo die Luft so rein war, dass sie nur durchs Atmen in Ekstase gerieten. Eure Vorfahren konnten weite Strecken schwimmen und verbrachten viele wertvolle Stunden bei uns in unseren Lebensräumen. So wie wir konnten sie Klang sehen. Sie konnten den Klang vor dem Klang sehen, den Herzen verbreiten, wenn sie sich ausdehnen. Sie konnten verstehen, was wir »sagen«, ohne dass Sprache notwendig war. Wir verbanden einfach unsere Seelen und Herzen und tranken aus dem Kelch universeller Weisheit, die uns alle vereinte.

Aus den Wasserwelten, die ihr Licht von den sirianischen Schwestern empfingen, ging eine Spezies außergewöhnlicher Wesen hervor, die die Nachkommen von menschenähnlichen Wesen und unseren Delfinklans waren.

Diese Amphibien-Q'iquoq'i besuchten die Ältesten des Stammes, den ihr als die Dogon aus Afrika kennt. Die Stammesältesten nannten sie die »Nommos« und zeichneten ihre Weisheiten auf, damit eure Generation die multidimensionale Natur der sirianischen Schwestern verstehen kann.

Ihr könnt euch diese Geschöpfe als *Homo delphinus* vorstellen.

Für uns sind sie einfach Kinder der Q'iquoq'i, Avatare des Universums, Missionare des Friedens im ganzen Spektrum des Lebens, das im Kosmos im Überfluss vorhanden ist. Eines Tages, bald schon, werdet ihr begreifen, dass ihr den Cetaceanern genetisch viel näher seid als irgendeiner anderen Spezies. Bald, wenn ihr die Natur der Lichtstränge des Bewusstseins, die eure und unsere Körper durchdringen, wirklich verstanden habt.

Die Abgesandten haben eure Welt zu verschiedenen Zeiten in der Geschichte Gaias besucht, und sie waren auch zu der Zeit von Atlantis und Mu auf dieser Erde, als wir alle Eins waren. Vor nicht allzu langer Zeit sind sie zurückgekehrt. Sie erschienen den afrikanischen Ureinwohnern als Walker und zogen sich dann in die Meere zurück. Ihr seid euch ihrer im Augenblick vielleicht nicht bewusst, aber wir versichern euch, dass eure Vorfahren mit ihnen schwammen und sangen und von ihnen die Macht von Klang und Stille – den Harmonien Gaias – erlernten.

Sie kamen als Lehrer in die alten Welten, als Gesandte des interstellaren sirianischen Portals, wo alle Dimensionen verschmelzen. Die außergewöhnlichen Fähigkeiten, über die sie als zwischenartliche Geschöpfe verfügten, wurden durch Klang und seinen großen Einfluss auf Materie kommuniziert. Wie andere Sternensamen vor ihnen kamen auch sie, um die Menschheit an ihre Anfänge zu erinnern und euch eure Verbindung mit den sirianischen Schwestern zu zeigen.

Lange Zeit über gab es auf eurer Seite keine Verschwendung, und alles floss in vollkommener Synchronizität. Wir schwammen gemeinsam, als ein Wir. Wir kannten einander als ein Wir. Damals, zur Zeit der großen Erweiterung des menschlichen Bewusstseins, als die Menschheit ihren Platz im größeren Universum der Lebenden kannte, waren wir unzertrennlich.

Damals, als wir alle Eins waren, teilten wir durch unsere Herzen die Liebescodes der Musik: von Herz zu Herz, von Seele zu Seele. Wir kümmerten uns um eure Jungen, und ihr euch um die unseren. Der gesamte Raum in und zwischen uns galt als heilig.

Von den Küsten von Atlantis bis zum weit entfernten Land Mu brachten wir euch zusammen, transzendierten die großen Distanzen, die euch voneinander trennten.

All die Zeit über dienten wir, die Q'iquoq'i der Erde, hingebungsvoll der Göttin Gaia. Wir hielten ihre wertvollen Gewässer in der Reinheit des ewigen Lichts, und wir liebten euch – erfreuten uns an euch. Wir beobachteten, wir ihr vom Samen heranwuchst zu den großartigen Lichtgeschöpfen, die ihr wart. Wie ihr auf der Erde gewandelt und in den Meeren geschwommen seid.

Wir staunten über euch. Bewunderten euch. So angefüllt mit Licht wart ihr damals, dass ihr für uns wie Götter wart. So weise, sanftmütig und wundervoll wart ihr, dass wir euch nahe sein wollten. Und wir sehnen uns noch immer nach euch.

Wir sehnen uns danach, zu euch zurückzukehren.

Wir sehnen uns danach, zu der Liebe zurückzukehren, die wir mit euch geteilt haben.

Durch die Erinnerungen der Q'iquoq'i aus anderen Reichen können wir außerdem weit über diese Welt, sogar weit über unseren Sonnenstern und unsere Erfahrungsschicht als körperliche Wasserwesen auf dem Planeten Erde hinausblicken. Wir können unseren Verstand mit dem unserer Aufgestiegenen Ältesten verbinden, die wir überall in der Welt um uns herum sehen und spüren können – in all unseren Lebenszeiten. Genau das tun wir jetzt, indem wir durch sie hindurch zu euch sprechen. Wir verbinden uns auf zahlreichen Gewahrsamsebenen mit euch, die für viele von euch keinen Sinn ergeben.

Es ist nämlich leichter, uns einfach als »trainierbare« Säugetiere abzustempeln und den Gedanken abzutun, dass wir zu euch sprechen könnten: über die Beziehung zwischen eurer Spezies und unserer, über die Komplexität anderer Welten und Zivilisationen im Kosmos, ja sogar über andere Dimensionen, in denen wir alle als Lichtkörper existieren. Dies ist das Verhalten der Unerwachten.

Es ist so viel einfacher für sie, uns zu diskreditieren – so wie es im Laufe der Geschichte eurer Spezies viele Menschen getan haben. Den Millionen von Arten auf dieser Welt, die die schlafende menschliche Rasse umgeben, ist es ein Rätsel, wie ihr euch so sehr von der übrigen Welt der bewussten Wesen habt isolieren können: von all jenen, die dazu bestimmt sind, die Geschenke dieser Erde zu empfangen; von all jenen, die einen Zweck und einen Seelenvertrag mit dem Schöpfer haben.

Aber es gibt auch jene unter euch, die keineswegs schlafen – oder gerade erwachen. Und diese stimmen sich immer stärker ein auf die Welt der Lebenden, die sie umgibt. Ihr seid es, zu denen wir sprechen.

Wir zählen auf euch.

Wir können Verbindung aufnehmen zu unserer Familie in anderen Dimensionen, anderen Sternensystemen, wo es wasserreiche Planeten im Überfluss gibt, und hier im Licht dieses Sonnensystems, wo auf Monden und den planetenförmigen Körpern himmlischer Geschöpfe, die dieses Reich mit euch teilen, ganze Zivilisationen bewusster Wesen gedeihen. Die Q'iquoq'i sind präsent in jenen Welten jenseits eures derzeitigen Gewahrseins – ganz genauso, wie sie hier bei euch präsent sind – und weben die Klänge himmlischer Weite in die Ozeane zahlloser Existenzsphären. So halten sie die emotionalen Körper dieser Gottheiten im Gleichgewicht, geradeso, wie sie es auf der Erde zu tun versuchen.

Ebenso wie ihr tragen wir das göttliche Licht und all die Weisheit der Schöpfung in uns. Aber anders als ihr sind wir uns vollkommen darüber bewusst, dass wir Zugang zum Licht und zur Weisheit haben, wann immer wir den Wunsch danach verspüren.

Wir wissen, dass wir das Universum miterschaffen und unsterbliche, göttliche Wesen sind. Für uns gibt es keinen Schleier, keine verlorenen Erinnerungen an unsere Anfänge – also an die Quelle selbst. Wir haben Zugang zu allen Erinnerungen. Selbst an den wundervollen Zustand des Einsseins im Licht der Schöpfung, an diesen Seinszustand vor der individuellen Erfahrung – vor der Trennung.

Durch Gesang und die Schwingungen bewussten, lichterfüllten Klangs ist uns alles zugänglich.

Wir singen und sprechen diese Erinnerungscodes in die Gewässer und beobachten dann, wie sie sich zu Mustern der Weisheit und Schönheit formen, die wir mit allen Geschöpfen unserer Welt teilen: die reine Freude am Sein. Wir sind Meister in der Kunst der Schwingung, sind als einfache Musiker im Orchester die Lieferanten der geheiligten Mysterien.

Diejenigen von euch, die in unser Reich der großen Ozeane und Wasserwege gekommen sind und ihre Liebe und Lebensfreude mit uns teilten, so wie wir es mit euch tun, haben erlebt, wie wir Klang durch eure Körper dringen lassen können. Wir übertragen den Puls und den Fluss des Lichtes der Schöpfung aus unserem Zellgedächtnis in eures. Und wir wissen, dass ihr spüren könnt, wie es um euch herum und durch euch hindurchfließt.

Ihr glaubt, dass wir die Kraft haben, euch zu heilen. Wir lieben es, wenn ihr uns eure Jungen bringt, damit wir ihnen helfen, wieder in einen harmonischen Zustand zu gelangen. Wir lassen unser Echolot durch ihre kostbaren Körper dringen, tränken sie mit Klängen, die ihr nicht wahrnehmen könnt, und anderen, *die* ihr hört. Auf diese Weise können wir herausfinden, in welchem Bereich des Körpers die Musik disharmonisch geworden oder ganz verstummt ist. So entdecken wir Orte, an denen Misstöne herrschen, und stimmen sie wieder auf die Musik des Lebens ein. So wird die Melodie dieser winzigen Geschöpfe wiederhergestellt.

Es ist die Musik … die Musik … die Musik.

Dieser Prozess ist nicht weiter geheimnisvoll: Wir erinnern den physischen Körper einfach nur an die Vollkommenheit aller Dinge. Wir helfen euch dabei, die Lebensfreude zu empfinden, die auch wir spüren, wenn die Liebe alle Reiche durchdringt. Wir spielen die Töne eurer vollkommenen Formen, projizieren sie in eure elektromagnetischen biologischen Gestalten. Daraufhin schwingt euer Zellaufbau mit diesen Bewusstseinsmustern in euch mit und löst die Schatten der Disharmonie und die Störungen auf, die der Missklang auf allen Ebenen erzeugt.

All dies wollten wir euch unbedingt mitteilen. Es ist uns enorm wichtig, euch das Lied des Kosmos zu lehren und euch die Freude zurückzubringen – die reine, grenzenlose Liebe zu allem. Es ist äußerst wichtig für die Erdmutter und all ihre Bewohner, dass ihr euch so schnell wie möglich erinnert, dass euch bedingungslose Liebe keine Mühe bereitet. Ihr müsst euch erinnern, wie ihr die Welt wieder in einen harmonischen Zustand versetzen könnt.

Für die ganze Erde ist es äußerst wichtig, dass ihr euch erinnert. Jetzt.

Elf

Die Große Dirigentin Wataq'i

Wir, die Aufgestiegenen Q'iquoq'i, wurden darum gebeten, euch einige Einsichten über Gaias Aufstiegsprozess zu übermitteln, die unsere Familien im Erdreich und wir hier im Licht unserer Dimension erlangt haben. Man hat uns gebeten, ausführlich die Ereignisse und Erfahrungen zu erläutern, die alle Lebewesen eurer Sphäre und der Sphären in eurer Nähe in diesem Augenblick durchleben – in dieser außergewöhnlich Zeit der Aufstiegs Gaias vom Dichtegrad der dritten Dimension in das nächste Reich.

Man übertrug uns als Trägern der himmlischen Klänge des Lichtreichs des sechsten Dichtegrads die große Ehre, euch unsere Große Mutter vorstellen zu dürfen, die Eine Kodierte Meisterin, die wir als Große Dirigentin der Sphärenmusik verehren.

Ihre Schwingungssignatur – also das, was ihr als ihren »Namen« bezeichnen würdet – klingt in der menschlichen Phonetik so ähnlich wie »Wa-TA-ki-i«. Wenn ihr ihren Namen in die Wellen des großen Ozeans singt oder ihn sanft in einen großen Strom flüstert, dann könnt ihr vielleicht spüren, wie sie ganz sanft die Wasser eures Seins in Bewegung versetzt, während sie durch die Kosmische See gleitet. Eure Liebe und euer bewusstes Gewahrsein über ihre Existenz schlägt mit Sicherheit einen Ton in ihren wundervollen Resonanzfeldern an – und wird auch in den euren widerhallen.

Ohne es an Respekt für die Große Dirigentin der Q'iquoq'i mangeln lassen zu wollen, werden wir sie in diesem Dialog als »Wataq'i« bezeichnen, damit es leichter wird, euch unsere Botschaft näherzubringen. Wataq'i ist aus dem unfassbaren Leuchten des Lichtreichs des zehnten Dichtegrads aufgestiegen, um ihren Platz in den sich rasant entfaltenden Ereignissen einzunehmen, die auf die bevorstehende Umwandlung dieses galaktischen Feldes hinauslaufen. Ihre Aufgabe und Hauptintention besteht darin, die akustischen Koordinaten zur Verfügung zu stellen, die den sicheren Übergang aller mitschwingenden Planeten, Monde und Asteroiden gewährleisten, wenn diese durch den »Vortex« genannten Strudel schreiten und das physische Universum verlassen.

Sie ist die Dirigentin des Opus der Erde.

Anfangs verbarg sie sich noch in dem schützenden Umhang der zeitsensiblen Uneindeutigkeit des Hohen Rats. Doch jetzt hat man uns erlaubt, allen empfindungsfähigen Arten, die auf dem Planeten Erde leben, von der wichtigen Arbeit zu erzählen, die die große Q'iquoq'i-Göttin leistet, indem sie den Übergang eures Sonnensterns durch den Aufstiegsakkord vorbereitet, der sich dann in den höheren Oktaven der vierten Dimension niederlassen wird.

Dort werden alle planetaren Gottheiten eures Systems mit den karmischen Lasten konfrontiert, die sie in den polaren Spannungen des physischen Universums angesammelt haben. Sie erhalten die Möglichkeit, die Disharmonien freizusetzen, die sie auf ihre Reise mitgenommen haben. Auf diese Weise wird ihr nächster Übergang vorbereitet.

Im Licht dieser Dimension wird der Schatten nicht hinter euch fallen – anders als im illusorischen Universum der Materie, wo ihr ihn vergessen oder ignorieren könnt, da er den Weg *hinter* euch verdunkelt. Er wird direkt vor euren Augen liegen und entschlossen und standhaft eine Lösung einfordern.

Dieser Prozess wird jede einzelne Bewusstseinseinheit auf dem Planeten betreffen, jeden einzelnen Teil des Kollektivbewusstseins aller Lebewesen Gaias.

So wie eine Hebamme einer Seele hilft, in die Materie geboren zu werden, überwacht die Große Dirigentin Wataq'i die Reise eures Sonnensystems und aller Himmelskörper, die die Energiefelder des Sonnensystems ausmachen, durch den Astralakkord – den Astralakkord, der diese Gottheit mit seiner höheren Reflektion verbindet. Sie unterstützt die Resonanzauflösung von Materie in Lichtkörper. Sie war die galaktische Hebamme vieler Sonnensterne, die aus der materiellen Ebene heraustraten. Dafür wurde sie von zahllosen Zivilisationen verehrt, die begriffen, was für einen Beitrag zum Universum aller Dimensionen sie leistet.

Für die Q'iquoq'i ist sie der schillernde Schimmer der Schöpfung, der alle Dunkelheit durchdringt. Sie ruft uns dazu auf, aus Liebe zu allem, was heilig ist im Kosmos der Seele, zu singen und zu musizieren.

Wataq'i ist unermesslich. Sie lässt sich nicht visualisieren, nicht einmal hier, in der sechsten Dimension. Wir können sie uns nicht in einer körperlichen Form vorstellen, denn diese hat sie schon vor vielen Leben verlassen. Doch wir wissen, dass sie in den alten Familien der Q'iquoq'i die Form eines gigantischen »Wals« hatte und durch die Ozeane anderer Planeten und Monde schwamm, im Licht anderer Sterne und Galaxien … so wie sie auch in den tiefen Meeres des alten Atlantis schwamm.

So wurde die Geschichte an uns alle überliefert, lange bevor der *Homo sapiens* auf dem üppigen Planeten Erde gesät wurde.

Wir wissen, dass diese Überlieferung wahr ist. Sie ist an die Wände der Akasha geschrieben, und sie wurde eingeprägt in die Seelen der Q'iquoq'i aller Zeiten und Orte. Wir spüren sie überall um und in uns und weben diese Wahrheit in alle Räume, alle Zeiten und alles jenseits von Raum und Zeit.

Seit sie die Welten des physischen Universums verlassen hat – also seit ihrer Kristallisierung von Form in Geist –, hat Wataq'i den Punkt erreicht, von dem es keine Rückkehr mehr gibt. Bald wird sie vollständig in der göttlichen Flamme aufgegangen sein.

Noch die kleinsten Erfahrungspartikel des Getrenntseins werden sich im vollkommenen Eins-Sein des strahlenden Lichts auflösen. Sie ist der Quelle so nahe … so nahe dem vollkommenen Eintauchen, der restlosen Aufnahme ins Licht der Schöpfung.

Wir, die wir die Spirale des Lichts gerade hinaufschwimmen, können uns kaum vorstellen, was für ein Wunder es sein mag, diesen Augenblick, diese Intensität erreicht zu haben.

Wir können es uns kaum vorstellen!

Denn hier, in dem leuchtenden Reich, in dem wir derzeit die Schwingung halten, baden wir in der Liebe des Schöpferlichtes. Wir können die Sphärenmusik hören. Wir können Wataq'i in unseren Seelen spüren.

Deshalb wissen wir, wie schwierig es für euch ist, das gewaltige Ausmaß ihrer Energiefelder zu verstehen oder das gleißende Licht, das durch den Kosmos der Seele leuchtet. Die meisten Menschen versuchen, sich Gott als Menschen vorzustellen – als könnte »euer« Gott etwas anderes sein als das, was zahllose andere Tierarten mit bewussten Seelen als Schöpfer begreifen. Da ist es kein Wunder, dass es euch seltsam vorkommt, euch einen gottähnlichen, schillernden großen Wal vorzustellen, der das Multiversum durchstreift. Wir können das verstehen.

Dennoch ist es so. Und viele von euch haben angefangen, Wataq'is Schwingungen zu empfangen.

Sie führt die Q'iquoq'i vieler Welten an, hilft ihnen mit ihrer Meisterschaft dabei, den Stoff des Raum-Zeit-Kontinuums zusammenzuhalten, und überwacht die vollkommenen Harmonien der Sphärenmusik. Sie legt Tempo und Rhythmus fest: Sie leitet den Chor unserer Stimmen in der gesamten Galaxie. So wird der Stoff des himmlischen Baldachins gewebt. So werden die Gewässer des Kosmos, in denen das Leben gedeiht, im Gleichgewicht gehalten.

Jeder Klang trägt seinen Teil dazu bei. Jedes einzelne Element im Sonnenfeld musiziert für den Urschöpfer, genauso wie jede Biene, jeder Vogel, jedes Tier. Selbst die Blätter der großen Bäume tragen ihren Teil zur Symphonie der Großen Erdmutter bei, wenn sie im Wind rascheln.

Und ihr?

Wie schlägt das Lied eures Herzens die Saiten des Mitgefühls für andere Lebewesen an, während ihr auf der Großen Spirale der Rückkehr dahinreist – mal leichten Schrittes, mal mit schwerer Last? Müsst ihr noch immer über den Lärm eurer geschäftigen Welt hinausgehen, in der die Missklänge eures Zeitalters den zarten Gesang der Vögel übertönen, derweil das Flattern ihrer Flügel die Morgenluft formt – und ihre Schwingungen die Lilien zum Erblühen bringen? Lauscht ihr nicht mehr dem Klang der Meereswellen, die rhythmisch und unbeugsam wie das menschliche Herz für uns alle hörbar den Puls der Erde aufrechterhalten wie ein Metronom?

Habt ihr das Lied der Großen Wale und der Delfinwesen gehört? Habt ihr gespürt, wie ihre Klänge vor dem Klang von eurem Körper abprallen und dann wie flüssiges Licht in eure Herzen dringen?

Die Familie der Q'iquoq'i der Erde hat ihre Botschaft verkündet, damit ihr sie hört und mithilfe eurer Urteilskraft prüft. Sie bitten euch um nichts weiter als die Freiheit, in Frieden zu leben – an eurer Seite –, damit sie da sein können, wenn die Erde sie am meisten braucht: wenn sie der Großen Dirigentin Wataq'i in die kristallklaren Gewässer der Dämmerung des Wassermanns folgt.

Ihr reflektiert diese Stille, den Klang vor dem Klang, in den Äther hinaus. Sie beruhigt die Gipfel und Täler des Wassers von Gaias Sein – aber auch die eures eigenen Seins. Spiegelgleich wirft sie alles zu euch zurück, was ihr im Kosmos der Seele seid und sein könnt.

In diesem Zustand glückseliger Hingabe begreift ihr, dass es keine andere Welt gibt als die Welt eurer Schöpfung. Ihr begreift, dass wir, die galaktischen Q'iquoq'i, ebenso in dieser Welt existieren wie ihr in der unseren. Wir sind durch die feinstofflichen Reiche des Multiversums ganz und gar miteinander verbunden und zelebrieren gemeinsam das Licht der Schöpfung. Ihr existiert in den höheren Reichen, so wie wir in euren weniger dichten Lichtreichen existieren – auch wenn die meisten von euch derzeit nicht in der Lage sind, uns wahrzunehmen.

Der *Homo sapiens,* die Q'iquoq'i der Erde und all jene, die andere Stationen im größeren Kosmos bewohnen, erschaffen das Universum mit und haben so auch eure Welt erschaffen, damit sie sich zu genau dem entwickeln kann, was sie jetzt ist – jetzt, im Licht von Gaias Evolution. Wir haben das früher schon einmal getan: als unser sirianischer Stern Satais aufstieg, gemeinsam mit den Geschöpfen, die diese Welt damals mit uns teilten. Wir begreifen, was es bedeutet, gemeinsam mit dem Sonnenstern aufzusteigen.

Vielleicht wart ihr damals ja dabei und habt euch dann entschieden, in dieses Reich zurückzukehren, um eine neue Illusion zu weben, in der ihr Liebe und Angst in ihren ultimativen Manifestationen erleben könnt.

Es ist die Absicht einer jeden Bewusstseinseinheit des Seins – jedes einzelnen Lichtfunkens –, zu lernen und erfüllt vom gewaltigen Potenzial des Lebens zum Licht der Quelle zurückzukehren.

Aus der Perspektive unserer Dimension können wir all das ganz klar erkennen. Wir sehen die Angst, die unsere Familie im Augenblick ihrer Trennung von der Erde durchlebt, und wir sehen das gewaltige Ausmaß ihrer Liebe zu allen, die sie dort, in den Tiefen der Ozeane, kennengelernt und verehrt haben. Wir sehen eure Verzweiflung über den Kampf zwischen Dunkelheit und Licht, der derzeit in eurer Welt ausgetragen wird. Und wir sehen die Freude in leuchtenden Seelen wie euch, die ihr die Frequenzen, das Licht und die Liebe der Großen Mutter aufrechterhaltet.

Wir können diese Emotionen in Form von großen kosmometrischen Mustern sehen, die sich in die Nichtzeit, in der wir alle leben, einprägen.

Wir können beobachten, wie sich die Wunder entfalten, jetzt, wo ihr die Botschaften der Großen Wale und Delfinwesen – der Q'iquoq'i Gaias – hören könnt. Sie senden euch ihre Klänge vor dem Klang und zeigen euch, was für eine immense, bedingungslose Liebe ihr alle in dieser Stunde des Übergangs erfahren könntet.

Werden sie auf der anderen Seite des Schleiers auf euch warten, wenn ihr das Universum der Materie transzendiert? Oh ja, sie werden dort sein, werden noch immer im Dienst des Lichts stehen. Aber um wie viel beredter wäre diese Reise in die Morgendämmerung der erleuchteten Seelen für euch alle, wenn sie euch direkt zur Seite stehen und euch nach Hause begleiten könnten!

Wie großartig wäre diese Reise für euch beide, wenn ihr sie Seite an Seite antreten würdet: die Menschheit in ihrem erwachenden Herzen, und die Q'iquoq'i, die ihre Musik weben, während ihr die Reise vollzieht – gemeinsam, so wie es seit der Stunde eurer Geburt gedacht war.

Was für eine wundervolle Reise das doch wäre!

Zwölf

Wenn der letzte Wal gesungen hat

Der Krieg gegen den Planeten der Meere tobt jetzt, wo sich die unaufhaltsam auswachsende menschliche Bevölkerung auf fast acht Milliarden vergrößert hat, in bisher nicht gekanntem Ausmaß: Auf der einen Seite steht maßloser Konsum, auf der anderen maßloser Abfall. Unsere geliebte Mutter Gaia ist erschöpft; ihre Rebellion ist überall um uns herum sichtbar. Sie erzittert von innen, lässt ihre Gewässer über das heilige Land tosen und schreit über das Dröhnen unserer Gleichgültigkeit hinweg, um endlich gehört zu werden.

Dennoch machen wir immer weiter: Wir bedienen uns unaufhaltsam von ihrem Körper, ihren Ressourcen. Wir zerstören die Energiequellen, die aus ihr fließen, und saugen die Lebenskraft aus ihrem wundervollen Körper – dem Garten Eden des physischen Universums.

Dieser Planet ist schlichtweg nicht dazu in der Lage, all diese Menschen zu ernähren – und unsere Anzahl soll sich in den kommenden 30 Jahren noch verdoppeln! Wir wachsen immer weiter, ohne uns dessen bewusst zu sein, was das unkontrollierte Bevölkerungswachstum für unser eigenes Überleben bedeutet – und das Überleben allen Lebens auf diesem Planeten und des Planeten selbst, der uns alle nährt.

Es ist das Zeitalter der Auslöschung: Millionen von Tier- und Pflanzenarten werden direkt vor unseren Augen, durch unsere Hände ausgerottet. Wir haben in ihre Lebensräume eingegriffen, Tiere und Pflanzen vergiftet und ermordet – aus Spaß, um sie zu essen, ja sogar, *um unsere sexuelle Leistungsfähigkeit zu steigern! All das ist kriminelles Verhalten, mit dem wir uns auseinandersetzen müssen: als Weltgesellschaft, als Individuen und in der karmischen Halle unseres aufsteigenden Planeten. Uns stehen herausfordernde Stunden der Abrechnung bevor, in denen wir mit all dem, was wir verursacht haben, konfrontiert werden.*

Wie kann es nur sein, dass wir noch immer zulassen, dass unsere hilflosen Cetaceaner einfach abgeschlachtet werden?

Wo bleibt der Aufschrei der Menschheit?

Den Mächten des Todes reichen ihre sogenannten »illegalen« Jagden und ihre mörderischen Manöver nicht mehr, bei denen sie die Großen Wale und Delfinwesen zum Vergnügen und für ihre Experimente abschlachten. Die legalisierte Waljagd ist wieder da, dank dem Druck japanischer Waljäger bei den Zusammenkünften der Internationalen Walfangkommission, aber auch, weil der Kopf eines dieser Riesen zwischen einer halben und einer Million Dollar wert ist – »tot oder lebendig«, wie man so sagt.

Offenbar sind diese törichten Menschen, für die es keine größere Delikatesse als mit Quecksilber vollgepumptes Wal- und Delfinfleisch gibt, bereit, jeden Preis zu zahlen, um ihre blutigen Messer noch tiefer in die Seele der Q'iquoq'i treiben zu können.

Es geht um viel Geld. Und Geld regiert die Welt.

Es beraubt die Menschen ihrer Menschlichkeit.

Und es mordet ununterbrochen.

Teure Restaurants und Luxushotels in Japan fordern Walfleisch, schmuddelige Walburger-Buden in Grönland können nicht ohne. Und so unglaublich es auch klingen mag: Walfleisch wird noch immer zu Dosenfutter für Hunde verarbeitet – für Hunde, die, wie wir alle wissen, so gut wie alles fressen, was man ihnen vorsetzt. Doch wie es scheint, sind Reis und normales Dosenfutter nicht gut genug für die Haustiere der Japaner, die aus unerklärlichen Gründen der Meinung sind, dass giftiges, quecksilberhaltiges Walfleisch die beste Wahl ist.

Was für eine Farce! Die bloße Vorstellung, dass die grausamen Mörder unserer hilflosen Cetaceaner-Gemeinschaft – dieser freundlichen

Riesen und verspielten Delfinwesen – in dieser Schlüsselzeit der bewussten Evolution auf unserem Planeten genug Macht und Konsens erlangt haben, um die legale Waljagd erneut zu etablieren, ist einfach haarsträubend! Fast alle Regierungsbeamten scheinen auf die eine oder andere Weise – in diesem Krieg oder im nächsten – ihre Hände mit dem Blut der Unschuldigen befleckt zu haben.

Den Walpopulationen auf unserer Erde wurde gerade erst erneut der Krieg erklärt.

Die fröhlichen, verspielten Buckelwale, die sich nur langsam bewegen, sind jetzt ganz legale Beute für die Jäger – oder sollte ich besser sagen: die »Schlächter«? Denn »Jagd« impliziert, dass die Gejagten den Hauch einer Chance haben, zu entkommen. Doch bei den schwerfälligen migrierenden Buckelwalen ist das kaum der Fall. Sie können einfach so herausgepickt werden aus ihren geliebten Ozeanen und ihren liebevollen Gemeinschaften, um dann für die Menschen und ihre Hunde in bissgerechte Häppchen zermahlen zu werden. Wieder einmal haben die Mörder die Erlaubnis erhalten, die bewusstesten Geschöpfe der Erde einfach so, vor aller Augen, abzuschlachten. Es ist keine Strafe für sie vorgesehen – und wir lassen sie damit davonkommen.

Gerade erst hat die Internationale Walfangkommission den Hinrichtungsbefehl für die Buckelwale unterzeichnet. Anfangs bewilligte sie Grönland den Mord an neun Buckelwalen jährlich. Man nahm an, damit wären die »Bedürfnisse« der Ureinwohner befriedigt. Doch dabei handelte es sich von Anfang an um eine List. Denn ein Großteil dieser Morde findet mittlerweile in Japan statt, dessen Repräsentanten harte Lobbyarbeit geleistet haben, damit die Ureinwohner Grönlands das Recht erhalten, Wale zu jagen, um ihr eigenes Überleben zu sichern.

Mit Ausnahme einiger weniger schwieg der Rest der Welt angesichts dieser Grausamkeit, dieser Verhöhnung der Gerechtigkeit.

Innerhalb weniger Tage wurde die Tötungsrate auf 27 Buckelwale erhöht. Und wenn Sie dieses Buch in Händen halten, wird sie zweifellos noch weiter gewachsen sein. Aber wird es überhaupt jemanden geben, der mitzählt? Die Internationale Walfangkommission wird sicherlich nicht vor Ort sein und ein Auge auf die Ureinwohner haben.

Wer wird seine Stimme für die hilflosen Cetaceaner erheben?

Sie können sich nicht vor dem Blutdurst der Menschen und ihren Tötungsmaschinen schützen. Wenn wir nicht alle gemeinsam so lange und laut schreien, bis das letzte bisschen Luft aus unseren Lungen gewichen ist, wenn wir nicht anfangen, für sie zu kämpfen, wie wir noch nie zuvor für etwas gekämpft haben – dann sind diese göttlichen Geschöpfe, die niemandem etwas zuleide tun und stets nur geben anstatt zu nehmen, im Kampf gegen die Tyrannei unserer gescheiterten Regierungssysteme ganz auf sich gestellt.

Viel zu wenige von uns revoltieren gegen diese Grausamkeiten. Der Großteil der Menschen ist viel zu sehr damit beschäftigt, sich in einen apathischen Schlummerzustand wiegen zu lassen – durch die kontrollierten Medien, den Elektronikwahn unseres Zeitalters und die zahllosen anderen Ablenkungsmöglichkeiten, die verhindern, dass wir uns mit der Welt um uns herum verbinden. Unsere Stimme ist schwach, unsere Bemühungen sind bruchstückhaft und haben keinen Fokus. Es mangelt uns an der notwenigen Einheit, um diese Welle menschlicher Grausamkeit aufzuhalten.

Und dabei wissen wir, dass die Wiedereinführung der Waljagd nur der erste Schritt ist. Wir wissen, dass sie vorhaben, das weltweite Massenschlachten von Walen und Delfinen wiederaufleben zu lassen.

Wir wissen es.

Ich wiederhole: Die Urbevölkerung Grönlands braucht kein giftiges Buckelwalfleisch, um zu überleben. Außerdem wissen wir ja, dass der Großteil ihrer »Beute« in Luxusrestaurants in Asien landet. Ermittler haben in Grönland Walfleisch in Supermärkten gesehen – im Sonderangebot! Hier geht es nicht um Traditionen oder um ein zwingendes Bedürfnis der Inuit – und selbst wenn dem so wäre, würde sich diese Tradition in der Gesellschaft des einundzwanzigsten Jahrhunderts eben ändern müssen!

Und was ihr »Bedürfnis« betrifft: Jeder weiß, dass Nahrung in Zeiten der Globalisierung überall erhältlich gemacht werden kann.

Auch in Grönland, das zufällig ein äußerst ölreiches Land ist – eine Ressource, die die Inuit ebenfalls ausbeuten wollen.

Eva Aariak, die Premierministerin von Nunavut, wurde kürzlich in einem Interview zu den Plänen befragt, auf heiligem Inuit-Land nach Öl zu bohren. Sie erklärte daraufhin: »Als Politikerin und als Individuum sorge ich mich sehr um die Umwelt. Aber gleichzeitig ist mir auch bewusst, wie wichtig Fortschritt ist.«*

Wale um des Öls Willen? Ist es das, worauf es hinausläuft?

Aber wen kümmert es schon?

Die schlechten Nachrichten werden uns in kleinen Dosen verabreicht: »nur« neun Buckelwale pro Jahr – die Welt nimmt es hin. Die Entscheidungsträger beobachten unsere Reaktionen: Ganz wenige Menschen bekommen es überhaupt mit, noch weniger zeigen eine Reaktion. Also erhöhen sie den Einsatz.

Ein paar Tage später erhöht die Internationale Walfangkommission die Quote auf 27 tote Buckelwale im Jahr.

»Ups, da haben wir uns wohl verrechnet ...« (Wenn neun gut sind, sind 27 noch besser, oder nicht?)

Ganz wenige bekommen es überhaupt mit – und noch weniger reagieren.

Erst ermorden sie nur ein paar weitere Buckelwale, dann noch mehr und immer mehr. So führen sie das weltweite legale Abschlachten von Walen ganz langsam wieder ein. Sie testen die Grenzen aus, warten, wie lange wir brauchen, bis wir rebellieren. Sie werden die Quote immer weiter erhöhen, Stück für Stück, bis zu dem Moment, in dem wir völlig resigniert haben, wie die sprichwörtlichen Frösche im Topf voll kochendem Wasser. Und dann werden die korrupten Beamten, unsere »gewählten« Anführer und die schattenhafte Internationale Walfangkommission den großen Knall ertönen lassen und die unbegrenzte weltweite Jagd erneut etablieren.

Die Entscheidungsträger, die der legalen Tötung von Walen zugestimmt haben, sind genau die Menschen, die die Wale eigentlich hätten

---

* www.cbc.ca/canada/north/story/2010/06/28/inuit-circumpolar-conferencenuuk.html

schützen sollen. Erkennt sonst noch jemand die Ironie hinter dieser Farce von Gerechtigkeit?

Die Wale und Delfine hören den großen Knall bereits. Das ist der Grund, aus dem sie uns verlassen. Es sind unsere Sonartests, die Vergiftung ihrer einst unberührten Lebensräume und ihr Begreifen, dass wir, die menschliche Rasse, sie nicht genug lieben, um sie zu beschützen. Trotz allem, was sie sind und was sie für Gaia tun, lieben wir sie nicht genug.

Machen Sie sich bereit: Es wird nicht bei den grönländischen Gewässern bleiben, wo die migrierenden Schulen auf der Suche nach Nahrungsgründen im Zyklus der Jahreszeiten immer wieder vorbeiziehen. Schon jetzt wird auf die Einführung legaler Waljagd in der Karibik gedrängt. Die Jagdsaison auf Wale und Delfine wird sich bald auch in Ihrem lokalen Theater des Todes abspielen – auf dem offenen Meer.

Wir haben dem Brechen der Wellen einfach nicht genau genug zugehört. Uns als Zivilisation scheint es egal zu sein, dass möglicherweise bald das letzte Lied der Q'iquoq'i der Erde gesungen wurde und die Ozeane im Chaos versinken werden. All das ist uns scheinbar einfach nicht wichtig genug, als dass wir uns die Mühe machen würden, die zerstörerischen Kräfte aufzuhalten, die all das verursacht haben.

Können wir es wirklich nicht besser?

Lassen Sie es mich so sagen, wie es ist: Die Buckelwale sind leichte Beute. Oft kommen sie nahe an unsere Boote heran, einfach nur, weil sie Hallo sagen wollen. Sie wollen mit uns interagieren. Schon oft wurden sie dabei gefilmt, wie sie verspielt und neugierig dicht an unsere Schiffe heranschwammen. Es scheint ihnen Freude zu bereiten, Kontakt zu uns aufzunehmen. Wir fahren mit unseren Schiffen aufs Meer hinaus, um ihnen zu begegnen, und sie kommen uns tatsächlich entgegen: Was für eine absolut bemerkenswerte zwischenartliche Verbindung!

Sie wollen das menschliche Bewusstsein erleben, wollen unsere Energie und den Fluss unserer Liebe spüren. Und wir schwelgen in der Schönheit dieser Augenblicke, in denen wir das größte Wunder der Schöpfung kennenlernen.

Für mich persönlich waren dies die bedeutsamsten und glücklichsten Momente meines irdischen Lebens.

Doch wir zeigen den Großen Walen nicht unser höheres menschliches Bewusstsein, und wir tauschen auch keine Liebe mit ihnen aus. Nein, wenn die Flotten des Todes in den wenigen bisher unberührten Ozeanbereichen der Erde Einzug halten, bekommen die Wale etwas ganz anderes als die Liebe, die sie mit den Menschen teilen wollen.

Für ihre verspielte Unschuld und Neugierde jagen wir ihnen eine Eisenharpune ins Herz. Und dann wuchten wir ihre noch immer atmenden und blutenden Körper ins Mahlwerk. Ihrer Gemeinschaft bleibt nur ein Blutfleck, den sie beweinen kann. Die Klagen der Wale werden durch alle Ozeane dieser Welt schallen, und der Klang ihrer Musik wird verstummen.

Seien Sie aufmerksam! Die Jagd ist wieder legalisiert worden – und die Welt lässt es zu. Es geht um vorsätzlich geplanten, kaltblütigen Mord, den unsere Spezies an ihrer begeht.

Ich werde niemals aufhören, mich zu fragen, was für herzlose, monströse Ungeheuer das wohl sein mögen, die diese unschuldigen Geschöpfe derart brutal behandeln und ermorden können! Für mich ist das einfach unfassbar. Ich begreife nicht, wie es sein kann, dass unsere Zivilisation des einundzwanzigsten Jahrhunderts, die derzeit eine so stark polarisierte Zeit brodelnder Dunkelheit und gleißenden Lichts durchlebt, solche Grausamkeiten zulässt.

Die wundervollsten und bewusstesten Geschöpfe dieser Welt sind nicht mehr wert als Geld: eine halbe Million Dollar, sogar eine ganze, wenn es gut läuft.

Vergiss Schönheit, vergiss Anmut, vergiss den göttlichen Abdruck der Liebe und des Lichts. Rück lieber einfach das Geld raus. Das ist es, worauf es bei jedem einzelnen dieser Morde hinausläuft: die allmächtige Kohle.

Aus denselben Gründen reicht es auch nicht, Robben ihres Fells wegen zu züchten. Nein, man muss auch noch Robbenbabys bei lebendigem Leib den Schädel einschlagen. Und ihre verzweifelten Mütter beobachten den schmerzhaften Tod ihrer Jungen und kön-

nen nichts gegen die Grausamkeit des Menschen tun – des Homo »sapiens«, des »weisen« Menschen, falls es jemand vergessen hat. Hunderttausende von Robbenbabys werden allein in Kanada gewaltsam misshandelt, gequält und ermordet, nur damit sich Männer und Frauen mit ihren Pelzen schmücken können, die die Modeindustrie noch immer als den ultimativen Ausdruck von »Eleganz« und »Klasse« verkauft.

Babys haben das weichste Fell, verstehen Sie?

Aber selbst das reicht ihnen nicht. Nicht einmal das ist genug.

Es kümmert sie auch nicht, dass ihre militärischen Schallwellenexperimente die Gehirne der Cetaceaner zum Platzen bringen. Dass die Meeressäuger deshalb den Freitod suchen oder, schlimmer noch, innerlich verblutend auf den Meeresboden hinabsinken. All das spielt überhaupt keine Rolle.

Es ist ihnen einfach egal.

Die US Navy hat bereits bekanntgegeben, dass sie bereit ist, im Verlauf der nächsten fünf Jahre den Tod von Millionen von Meeressäugern »in Kauf zu nehmen«. Für sie ist er nichts weiter als ein notwendiges Übel, das mit ihren Kriegsspielen einhergeht – ihren Vorbereitungen auf einen möglichen »terroristischen Angriff« nahe den Küsten der USA. Ist es das, worum es bei der Ölkatastrophe im Golf von Mexiko ging? Denn diese bezeichnen sie ebenso wie den unmittelbar bevorstehenden Tod von Millionen von Cetaceanern als »Kollateralschaden«.

Ich bitte darum, zu differenzieren.

Kein Übel ist »notwendig«.

Was sich dort entfaltet, ist eine bewusste Entscheidung: die Anbetung der Dunkelheit.

Ich werde nicht zulassen, dass mir der Tod irgendeines Lebewesens, angefangen bei den menschlichen Opfern der ewigen Kriege, die so viele Unschuldige das Leben gekostet haben, gleichgültig wird, nur weil er als »Kollateralschaden« bezeichnet wird. Und wie sieht es mit Ihnen aus? Bei Gott, wenn Millionen von Q'iquoq'i und anderen Lebewesen in den Meeren sterben müssen, damit der allgegenwärtige »Terrorist« gefangen werden kann, ehe er sich ins »Vaterland« einschleichen kann, dann sollten wir unserem Schicksal besser gleich ins Auge sehen:

Wenn wir das zulassen, wenn wir uns in unserer Selbstzufriedenheit durch dieses allgegenwärtige Schreckgespenst einlullen lassen, dann sind wir nicht besser als eben dieses Schreckgespenst – falls es überhaupt existiert.

Wenn wir unsere Menschlichkeit dem Irrsinn dieser Trugbilder vom »notwendigen Übel« unterordnen, dann sind wir nichts weiter als Sklaven der Dunkelheit – Tiere in ihren Käfigen.

Ich glaube, dass die Mächte, die diesen Planeten nach wie vor regieren, entschlossen und in voller Absicht den Plan verfolgen, das Lied der Q'iquoq'i zum Verstummen zu bringen. Sie wollen uns brechen, wollen alle Freude zerstören und uns zu totalitärem Gehorsam bewegen – in einer Welt, in der Geld unser Gott ist und der Krieg der metallene Meister des Planeten Erde. Sie wollen die Musik auf ein Summen reduzieren und das Licht des Bewusstseins ausschalten, damit sie unentdeckt in ihren Gruben herumglitschen können. Sie wollen, dass die menschliche Rasse zu einer verstandslosen, roboterartigen Masse wird, die nach ihrem Belieben an- und ausgeknipst werden kann, sobald sie einen Schalter umlegen.

Die dunklen Mächte, die auf diesem Planeten walten, sind fest entschlossen. Und sie sind schon ziemlich weit gekommen – denn der Großteil der Menschheit lässt sie einfach gewähren. Die meisten Menschen sind abgelenkt durch Weltmeisterschaften, Tennismatches, Pornofilme und all die anderen stumpfsinnigen Ablenkungen, die uns davon abhalten, ins Auge des Sturms zu blicken, der gerade anschwillt und diesen wundervollen Planeten verschlingt.

Handelte es sich bei der Ölkatastrophe im Golf von Mexiko wirklich nur um einen Unfall? Viele Menschen, darunter auch ich, glauben, dass sie vielmehr Teil des durchkalkulierten Meisterplans der dunklen Mächte war, das Licht der Schöpfung aus den Ozeanen zu vertreiben und die Schwingungsfelder der Erde auf die niedrigste Frequenz zu reduzieren.

Die Erträge des unerbittlichen Aberntens von Fischen und Krustentieren werden immer weniger einträglich. Die menschliche Rasse hat in ihrem unersättlichen Konsum so viel von den einst so reichhaltigen Ozeanen genommen, dass wir das Gleichgewicht der Nahrungskette in unseren Meeren vollkommen zerstört haben.

Alles in allem sorgen wir uns nur um uns selbst. Wen kümmert es schon wirklich, dass der Kreislauf des Lebens und die Nahrungskette in den Ozeanen Gaias beinahe erschöpft sind? Die Leute wollen ihre Schwertfischsteaks, ihr Krebsfleisch und ihre Thunfischsandwiches, und deshalb werden wir niemals aufhören, die Meere abzuernten. Wir fordern, dass unser Hunger gestillt wird – egal, was für Konsequenzen das hat. Unsere Gesellschaft nimmt unaufhaltsam aus dem Ozean, bringt die Nahrungskette zum Erliegen und saugt das Leben aus dem Meer, so wie man eine Auster ausschlürft.

Wir müssen nach innen blicken. Wenn wir wahre Wächter des Wohlstands unserer Welt werden wollen – der Königreiche der Natur unserer wertvollen Erde, die immer kleiner werden und schließlich aussterben –, dann müssen wir auf unser eigenes Verhalten achten.

Vergessen Sie nicht: Wenn 75 Prozent der Ozeane gestorben sind, dann hat der Planet den Kipppunkt überschritten. Dann gibt es keine Rückkehr mehr. Sie sollten auch bedenken, dass alles, was wir auf diesem Planeten an Ungleichgewicht und Disharmonie erzeugen, aufgelöst werden muss, wenn wir in die nächsten Dimensionen voranschreiten.

Wir müssen dieses Karma bereinigen. Es werden kein einzelner Erlöser, keine überlegenen außerirdischen Mächte, keine »Mutterschiffe« kommen und uns diese Aufgabe abnehmen. Wir müssen es in die Hand nehmen. Jetzt.

Und wieder hatte der visionäre Gene Roddenberry recht.

Wenn der letzte Wal gesungen hat, werden die Lichter dieses Quadranten der Galaxie erlöschen.

Was auch immer die Zukunft für diesen großartigen, wunderschönen Planeten bereithält – ganz egal was im Rahmen des Aufstiegs der Erde und ihrer Bewohner vor uns liegt –, wir möchten, dass die Gro-

ßen Wale und Delfinwesen ihre Lieder in die Wellen und in unsere Herzen hinaussingen: heute und bis in alle Ewigkeit. Wir wollen die Glückseligkeit ihrer »Klänge vor dem Klang« spüren und die Magie erleben, die sie in unsere Seelen weben.

Die Große Dirigentin Wataq'i zählt darauf, dass dieser Bereich des Orchesters die Musik des Planeten der Meere spielt, während wir uns durch die Aufstiegsakkorde unseres Sonnensterns bewegen.

Ganz gleich, mit was wir in diesen Tagen des außergewöhnlichen Übergangs konfrontiert werden – wir müssen der Großartigkeit unseres Geburtsrechts gerecht werden – als die wahrhaft erleuchteten Geschöpfe, die wir in Atlantis und Mu waren. Wir müssen ihnen helfen, den Q'iquoq'i des Planeten Erde, ***bevor sie uns verlassen!***

Sie haben uns versichert, dass es noch nicht zu spät ist.

Lassen Sie uns die Macht von all den Kommissionen, den Regierungen und den vielen Mördern zurückgewinnen. Lassen Sie uns die Musik zurückbringen, so, wie sie gespielt werden sollte: in allen Gewässern, bis in unser aller Herzen, widerhallend in der ganzen Galaxie und über ihre Grenzen hinaus – die Sphärenmusik.

Dreizehn

Mark Fischer: Wavelets und das Lied der Cetaceaner

Ich hatte das Privileg, einige ganz wundervolle Menschen kennenzulernen, die ihr Leben den Cetaceanern gewidmet haben. Von Meeresbiologen über engagierte Kämpfer wie Paul Watson von Sea Shepherds, Umweltschützern und spirituellen Suchenden bis hin zu der wachsenden Anzahl von Menschen, die ich als Seelenkrieger bezeichnen möchte, fühlen sich viele von uns verantwortlich dafür, Kontakt zu den Walen und Delfinen aufzunehmen und ihnen unsere Liebe und Hingabe zu zeigen.

In vielerlei Hinsicht sind auch wir eine »Schule«, so wie die Meeressäuger sie bilden: Wir arbeiten auf vielfältigen Wissensgebieten gemeinsam daran, die Großen Wale und Delfinwesen zu retten und die Ozeane zu heilen, damit alle Meeresbewohner diese Zeit des Artensterbens überleben. Wir schlagen eine Brücke über die Kluft zwischen Wissenschaft und Metaphysik, um uns gegenseitig zur Menschlichkeit aufzurufen. Dabei verfolgen wir ein gemeinsames Ziel: diese mächtigen Geschöpfe von ihrem Leid zu erlösen und zu verhindern, dass sie durch Menschenhand aussterben.

Wir wollen diese mächtigen Geschöpfe aus ihren Käfigen befreien. Wir wollen, dass sie nicht länger gejagt, gequält und vergiftet werden. Wir wollen lernen, diesen freundlichen Riesen, diesen Bewahrern der Weisheit der Ozeane, näherzukommen. Wir leben auf den Tag hin, an dem sie frei sind.

Zu diesen engagierten Seelen zählt auch Mark Fischer, der die bewussten Klänge der Cetaceaner erforscht. Er versucht, mit wissenschaft-

lichen Methoden den Schlüssel zu finden, der uns helfen wird, eine höhere zwischenartliche Kommunikationsebene zu erreichen. Ich hatte das Vergnügen, ihn interviewen zu dürfen. So erfuhr ich, wie er von den Walen und Delfinen dazu inspiriert wurde, die wundervollen Mandalas im Anschluss an dieses Interview und auf den Innenseiten des Buchdeckels zu entwickeln, die er mithilfe von Wavelet-Graphen aus den Klängen der Q'iquoq'i des Planeten Erde formte.

Mark, ich danke Ihnen für all die Schönheit und Weisheit, die Sie uns mit Ihren passionierten Arbeiten, die das Bewusstsein der Cetaceaner abbilden, geschenkt haben. Ich bin neugierig: Wie kam es zu dieser Synthese? Was für einen wissenschaftlichen Hintergrund haben Sie? Wodurch haben sich Ihr technisches Wissen, Ihre Leidenschaft für die Wale und Delfine miteinander verbunden? Und wie sind diese wundervollen Muster entstanden?

Ich habe einen Abschluss in Elektronik und Computertechnik und arbeitete als Programmierer in der Telekommunikations- und Rüstungsindustrie. Ich war sozusagen ein Quereinsteiger, als ich anfing, mich für die Klänge der Cetaceaner zu interessieren. Vor etwa zehn Jahren stieß ich unten in Baja California auf einen Aushang, auf dem nach freiwilligen Helfern für eine Studie über Blauwale gesucht wurde. Ich habe mich gemeldet, und wenig später fuhr ich drei Tage lang mit einem zweiundzwanzig Fuß langen Panga-Boot über den Ozean, umgeben von Walen und Delfinen.

Wir hatten auch ein Hydrophon dabei, mit dem wir einen Pottwal aufspüren konnten, dem wir zwei Tage lang folgten. Auch wenn er sich unter Wasser befand, konnten wir ihn durch das Hydrophon orten. Mit der Zeit lernten wir abzuschätzen, wann und wo er wieder an die Oberfläche kommen würde. So entstand meine Faszination für Walgesang.

Und damals haben Sie angefangen, Aufnahmen zu machen?

Genau, wir haben die gesamte Reise über welche gemacht. Ich wollte mich damals sowieso beruflich umorientieren, und nach meiner Rückkehr aus Baja war ich so beeindruckt von meinen Erlebnissen, dass ich anfing, mich eingehend mit den Cetaceaner-Klängen auseinanderzusetzen. Ich überlegte zeitweise sogar, zurück auf die Uni zu gehen, um mehr über Klang und Akustik zu lernen.

Schon nach kurzer Zeit begriff ich, dass Schwarz-Weiß-Spektrogramme nicht ausreichten, um die Cetaceaner-Klänge darzustellen. Sie sind einfach nicht beeindruckend genug, haben kaum Aussagekraft, und die Literatur auf dem Gebiet ist nicht sonderlich informativ. Trotz aller moderner Technologie wissen wir noch immer sehr wenig über die Kommunikationsweise und die akustischen Äußerungen der Cetaceaner. Außerdem ist es schwer, gute Aufnahmen ihrer Rufe und Klänge zu machen. Und aus dem, was man bislang aufzeichnen konnte, haben wir noch nicht viel lernen können.

Wie kam es dann zu Ihrem nächsten Schritt von den Tonaufnahmen hin zu den Bildern?

Ich habe mich ein wenig mit Fourier-Analyse beschäftigt, also Spektralanalyse, und ständig ist mir der Computer abgestürzt. Ich war mir sicher, dass es eine bessere Methode geben musste, mich der Thematik zu nähern. Und dann stolperte ich zufällig über die Wavelets.

Ich bin Laie, wenn es um Analysis und höhere Mathematik geht – und dem Großteil meiner Leser geht es wahrscheinlich genauso. Könnten Sie in einfachen Begriffen erklären, worum es bei den Wavelets geht?

Die Fourier-Analyse ist die Standardmethode, um Klänge durch Graphen darzustellen. Sie eignet sich besonders gut für die Darstellung von Klängen, die über einen längeren Zeitraum hinweg regelmäßig wiederkehren, so wie bei Pfeiftönen oder auch Propeller- oder Industriegeräuschen. Ein Spektrograph gleicht einer Landkarte, die den gesamten Frequenzbereich einer Klangkomponente nachzeichnet. Diese Graphen sind allgemein recht leicht zu verstehen, weil jeder den Unterschied zwischen einer hohen und einer niedrigen Frequenz kennt und sich vorstellen kann, wie die dazugehörigen Töne klingen.

Es gibt Sopranisten, Altstimmen und Tenöre, und sie sind alle ganz einfach zu erkennen, weil sie unterschiedlich klingen. Selbst wenn man sich mit Mathematik nicht auskennt und auch keine Ahnung von Analysis hat, weiß man, was ein hoher und was ein tiefer Ton ist.

Aus meiner Sicht lieferte die Spektralanalyse aber viel zu wenige Informationen darüber, was sich bei den Walen und Delfinen abspielt. Als ich damit anfing, ihre Klänge zu untersuchen, wurde mir klar, dass sie erheblich strukturierter und informationsreicher waren, als jede Spektralanalyse auch nur ansatzweise hätte abbilden können.

Wie werden Strukturen denn in Wavelets abgebildet?

Die Fourier-Analyse hat nur eine einzige Basisfunktion: eine Sinuskurve, also einen Graphen, der die Position eines Punktes in einem Kreis anzeigt, während dieser Kreis umrundet wird. Bei der Fourier-Analyse gibt es nur diese eine Basisfunktion. Bei Wavelets dagegen wird mit einer anderen Basisfunktion gearbeitet. Wavelets erlauben es uns, Strukturen gleichzeitig in einem sehr kleinen und in einem sehr großen Maßstab abzubilden – so als könnte man den Wald *und* die Bäume gleichzeitig sehen.

Als ich diese Methode einsetzte, dauerte es nicht sehr lange, bis ich auf einige Wal- und Delfinklänge stieß, bei denen ganz außerordentliche Dinge geschahen, was durch die Spektralanalyse aber niemals entdeckt worden wäre.

Werfen wir als Beispiel einen Blick auf die Geräusche, die Zwergwale hervorbringen: Es handelt sich um eine Art Summen, das ein bisschen so klingt, als würde man eine Gitarrenseite anschlagen. Bildet man diesen Klang mithilfe der Spektralanalyse ab, wirkt das Ergebnis ziemlich simpel: etwa 1.500 Zyklen pro Sekunde, die der Ton zu hören ist, was nicht sonderlich beeindruckend ist. Doch unter Berücksichtigung einiger weiterer Basisfunktionen, die mit der Wavelet-Analyse möglich sind, erzeugt der Klang eine ganz und gar außergewöhnliche Struktur!

Ich habe keine Ahnung, ob das wirklich etwas zu bedeuten hat, und ich kann auch nicht sagen, ob der Wal sich dessen bewusst ist, wie komplex seine Klänge sind. Aber ich finde, dass es weitere Untersuchungen wert ist.

Und diese sehr komplexen Strukturen hinsichtlich der Töne und der Musik haben Sie bei allen Cetaceaner-Klängen gefunden, die Sie untersucht haben?

Ja, allerdings. Ausnahmslos.

Es freut mich ganz besonders, dass ich mit einem Wissenschaftler über dieses Thema spreche, da ich selbst ja aus einer völlig anderen Richtung komme. Und doch treffen wir uns in der Mitte, weil wir beide die Cetaceaner lieben. Ich finde es großartig, dass Ihnen Beweisführung und Genauigkeit sehr wichtig sind, Sie gleichzeitig aber auch Ihrer Faszination für die höhere Weisheit Ausdruck verleihen, die der strukturellen Essenz dieser Klänge innewohnt.

Darf ich Sie – nicht als Wissenschaftler, sondern als Mensch, der diesen Geschöpfen tiefe Empathie und Liebe entgegenbringt – fragen, was die Cetaceaner Ihrer Meinung nach durch diese außergewöhnlichen Klänge kommunizieren?

Dieses Thema wurde, wie beispielsweise in den Studien von Hal Whitehead über die Verhaltensweisen von Pottwalen, im Ansatz ja schon bearbeitet. Dadurch wissen wir, dass die Pottwale ihr Wissen von einer Generation zur nächsten weitergeben. Whitehead und sein Team haben die These aufgestellt, dass es weltweit sieben verschiedene Stämme von Pottwalen gibt. Zu dieser Ansicht kamen sie durch die Beobachtung der unterschiedlichen Verwendung ihrer Klicklaute.

Die Wissenschaftler Paul Spong, Ken Balcomb und John Ford, die sich mit den Schwertwalen beschäftigen, haben eindeutig bewiesen, dass es unter Schwertwalen zahlreiche Dialekte gibt – sogar zwischen den lokalen Populationen in der Salish Sea und in der Gegend um Vancouver Island. Die Meeresbiologin Ingrid Visser hat diese Studien in Neuseeland vertieft und belegen können, dass es noch weitere Dialekte gibt, die von Schwertwalen in Australien und der Antarktis verwendet werden.

Es gibt also Anzeichen, die auf das Vorhandensein von Kultur und Gesellschaft hinweisen. Offenbar haben Wale eine Methode, komplexe Informationen und erlernte Verhaltensweisen zu übertragen – durch irgendeine Form von Kommunikation.

Über fünfzig Jahre Spektralanalyse der Cetaceaner-Klänge haben uns nur so weit gebracht, sagen zu können, dass sie zum Beispiel grunzen, bellen oder zwitschern – zu mehr als solchen allgemeinen Aussagen hinsichtlich ihrer Klangäußerungen sind wir bisher nicht in der Lage. Die Wahrheit ist also, dass wir auf dem Holzweg waren, weil wir ihre Klänge betrachtet haben, wie Menschen es eben tun – wir haben nur auf die Frequenz geachtet. Und dabei wäre es möglich, dass sie mit ihren Klängen sehr viel mehr ausdrücken, als wir Menschen es aus unserer gewohnten Sichtweise heraus für möglich halten.

Wavelets enthüllen meiner Meinung nach mehr über die Mechanismen, durch die Cetaceaner Klänge erzeugen und empfangen – sie sind differenzierter. Warum sollten sich solche komplexen Strukturen, wie sie in den Wavelet-Aufnahmen der verschiedenen Spezies, die ich studiert habe, zum Ausdruck kommen, sonst immer und immer wieder zeigen?

Halten Sie es für möglich, dass das, was wir hier zu sehen bekommen, eine Art holografische Kommunikation ist und die Cetaceaner die Geometrie und Struktur dieser Klänge wirklich sehen können?

Lassen Sie mich eines klarstellen: Ich glaube nicht, dass sie eine Art Computermonitor in ihrem Kopf haben, auf dem sie sich ihre Klänge in Form von Bildern ansehen. Wie genau sie die Struktur der Klänge interpretieren, werden wir vielleicht niemals ganz verstehen. Aber vielleicht werden wir langsam lernen, mit Klängen die Aufmerksamkeit der Cetaceaner zu erregen, wenn wir besser zu verstehen lernen, wie sie miteinander kommunizieren.

Wir wissen ja nur sehr wenig darüber, wie sie in Freiheit, fern von Menschen, ihre Klänge nutzen. Wie sie ihre Klänge in Aquarien einsetzen, interessiert mich nicht – das bringt uns nicht weiter. Wie sie sich in der Wildnis der Klänge bedienen, wenn sie nicht dem Einfluss von Menschen unterliegen, *das* ist es, was wir versuchen müssen herauszufinden.

Ich stelle mir immer wieder vor, wie sie uns fragen: »Wie lange wollt ihr uns eigentlich noch durch Reifen springen und andere Kunststückchen vorführen lassen? Wie lange wollt ihr euch noch einbilden, dass das ein Maßstab für unsere Intelligenz ist? Wann werdet ihr begreifen, dass wir viel mehr zu sagen haben als das?«

Ja, ich sehe das ähnlich.

Glauben Sie denn, sie sind sich bewusst, dass sie diese heiligen Formen aussenden?

Ich sage nur, dass sie meiner Meinung nach keinen Flachbildschirm in ihren Köpfen haben. Durchaus möglich, dass die

Strukturen, die sie übertragen, mehr sind als das, was ich nachempfinden kann. Ich könnte mir schon vorstellen, dass diese Wavelets lediglich Schnappschüsse hochkomplexer Kommunikationen sind.

Wir wissen ja, dass die Schönheit und Vollkommenheit der Natur auf heiligen Formen in der Geometrie und Struktur beruht.

Ganz recht. Was die Cetaceaner auch tun, es geht weit über das hinaus, was ich mit meinen Mitteln einfangen kann. Vielleicht mache ich wirklich nur Schnappschüsse von etwas sehr viel Unglaublicherem. Ich verlangsame ihre Klänge ja so sehr, dass ich selbst sie nicht mehr hören kann. Ein Klang, der in der Spektralanalyse ganz einfach aussieht, ist eigentlich viel komplexer, und wie viel davon vielleicht ihr Bewusstsein ist, kann ich jetzt noch nicht sagen. Aber es könnte durchaus sein. Ich denke, es ist sogar ein großer Teil davon.

Dann sind Sie also auch der Meinung, dass sie viel mehr tun, als nur zwischenartlich zu kommunizieren und Echoortung zu betreiben?

Oh ja, ich finde, in manchen Fällen hat die Erzeugung dieser Klänge eine ästhetische Qualität – vielleicht bringen die Cetaceaner ja deshalb so viele Klänge hervor! Vielleicht singen sie, um Schönheit auszudrücken ... Das könnte einer der Gründe für die Evolution beispielsweise des Liedes der Buckelwale sein. Ich kann es nicht mehr hören, dass die Buckelwale nur aus Paarungsgründen singen – so ein Unfug! Sie haben doch längst gezeigt, dass sie selbst dann lange Refrains singen, wenn überhaupt keine Weibchen in der Nähe sind! Oft singen auch zwei Männchen miteinander, stimmen ihre Töne aufeinander ab wie Jazzmusiker bei einer Session. Dabei geht es um viel mehr als nur um Paarung. Manche dieser Lieder sind eine halbe Stunde lang! Das ist ein sehr kreativer Prozess.

Wenn man diese Klänge näher betrachtet, gewinnt man unwillkürlich den Eindruck, dass sie fast schon eine Art *Kunstform* sind, die etwas von *Bildhauerei* hat.

Ich habe kürzlich Filmmaterial über Delfine gesehen, auf dem sie Reihen von Ringen ins Wasser geblasen haben und dann durch diese Ringe hindurchgeschwommen sind. Es wirkte sehr verspielt und zeugte von viel kreativer Intelligenz. Als wollten sie demonstrieren, dass sie wissen, was Form ist. Vielleicht ist es sogar ein Hinweis darauf, dass sie wissen, wie Klang Form erzeugt.

Aber zurück zu den Buckelwalen: Es gibt noch eine Frage, die bislang unbeantwortet geblieben ist. Es heißt, dass weibliche Buckelwale nicht singen, aber ich kann das einfach nicht glauben. Stimmt das denn wirklich?

Den Informationen nach, die auf dem Gebiet gewonnen wurden, scheint es so zu sein. Doch man weiß nicht, was vor sich geht, wenn sie in ihren Nahrungsgründen sind. Gerade erst habe ich die Aufzeichnung eines Buckelwalgesangs gehört, die mitten im Sommer in einem Fjord in Alaska entstanden ist – und das, obwohl alle Welt geglaubt hat, dass Buckelwale nur im Winter zur Paarungszeit singen. Trotzdem hat dieser Parkwächter da oben im Glacier Bay-Nationalpark im Sommer wunderschönen Walgesang aufgenommen.

Sie produzieren noch einen weiteren faszinierenden Klang, den sogenannten »Futterruf«. Ich bin mir nicht sicher, ob er nur von Männchen hervorgebracht wird. Insgesamt geht man ja davon aus, dass die weiblichen Cetaceaner eher schweigsam und sanftmütig sind – aber sicher kann man sich dessen nicht sein.

Im Grunde glauben die Forscher also, dass weibliche Buckelwale nicht singen, weil sie noch nie aufgenommen werden konnten. Aber wie Sie schon sagten, sind die Informationen ohnehin begrenzt. Schließlich hielt man es auch nicht für die Norm, dass Buckelwale im Sommer singen, und doch hat man genau das in Alaska beobachtet. Da sieht man mal …

Genau … Und es ist ja wirklich sehr schwer, an gute Aufnahmen zu gelangen. Deshalb glaube ich, dass viele unserer Annahmen über das Verhalten von Walen und Delfinen in Bezug auf ihre Rufe und Gesänge nicht unbedingt etwas damit zu tun hat, wie sie sich *wirklich* verhalten. Wir haben nur flüchtige Einblicke in ihr Leben, und selbst das nur unter besonders günstigen Umständen.

Was können Sie uns über Echoortung erzählen? Wie passt sie zu Ihren Beobachtungen?

Auch mit diesen Klängen arbeiten wir. Schwertwale können den Unterschied zwischen einem Königslachs (ihr Lieblingsessen) und einem Rotlachs allein am Klang aus hundert Metern Entfernung erkennen, und es gibt viele solcher Beispiele. Große Tümmler können auf hundert Meter Entfernung Bälle im Wasser erkennen. Es ist einfach erstaunlich, was sie mit Klang erreichen können. Ich glaube, dass wir noch lange brauchen werden, bis wir wirklich verstehen, welche Meister sie in der Verwendung von Klang sind.

Wir wissen, dass sich die Tonlage, in der manche Wale kommunizieren, geändert hat. Beschäftigen Sie sich in Ihrer Arbeit auch mit diesem Phänomen?

In Bezug auf Blauwale wurden tatsächlich ganz eigenartige Beobachtungen gemacht. Ihre Rufe haben sich in den letzten zwanzig Jahren verändert. Die Klangfrequenz ist weltweit ständig niedriger geworden. Natürlich assoziierte man dieses Phänomen in der Fachliteratur größtenteils mit »Paarungsstrategien«. Aber meiner Meinung nach sagt jeder, der sich auf Paarungsstrategien bezieht, wenn es um die Akustik der Cetaceaner geht, damit im Grunde: »Wir haben keine Ahnung, wie wir das erklären sollen.«

Warum sollten alle Blauwalpopulationen ihre Frequenzen gleichermaßen verändern, ungeachtet des jeweiligen Populationswachstums oder lokaler Schiffsgeräusche und so weiter? An diesem Beispiel zeigt sich einmal mehr, dass wir kaum etwas über die Akustik der Cetaceaner wissen.

Fänden Sie es gewagt zu behaupten, dass sie auf anderen dimensionalen Ebenen der Realität arbeiten?

Ich würde sagen, dass wir darüber bisher einfach nichts wissen. Aber ich möchte Sie gern auf etwas anderes hinweisen, was mit dem Bereich Spiritualität und Cetaceaner zusammenhängt. Es handelt sich um eine Vermutung, die bislang zwar nicht bewiesen wurde, aber sehr wohl der Realität entsprechen könnte. Man geht davon aus, dass mindestens zwei Walarten, nämlich Blauwale und Finnwale, über einen sehr langen Zeitraum hinweg – vermutlich zig Millionen Jahre lang – über weltweite Kommunikationsnetzwerke verfügten ... lange, ehe die Menschen aufrecht stehen, geschweige denn sprechen konnten.

Auf meiner ersten Reise, auf der ich auf Walklänge aufmerksam wurde, lernte ich die Blauwalforscherin Diane Gendron kennen. Am Ende beschäftigten wir uns zwar vornehmlich mit diesem Pottwal, dem wir folgten, aber das erste Geräusch, das ich mir nach meiner Rückkehr mithilfe der Wavelets ansah, stammte von einem Blauwal. Wegen der unglaublich tiefen Frequenzen legte es meine Fourier-Analyse-Software lahm, wodurch ich motiviert wurde, andere Signal-Analysemethoden auszuprobieren.

Während meiner Forschungen stieß ich auf den Heard Island Feasibility Test (HIFT) und die Acoustic Thermometry-Experimente (ATOC). Mit dem HIFT konnte man beispielweise auf den Bermuda-Inseln ganz deutlich eine Detonation im Indischen Ozean hören! Heute, in der Moderne (ich benutze diesen Begriff ganz bewusst, weil es in den Ozeanen seit dem Dampfzeitalter von Jahrzehnt zu Jahrzehnt lauter geworden ist), hat der Forscher Christopher Clark mit Hydrophonen im Norden von Puerto Rico Blauwale hören können, die sich in der Nähe von Neufundland aufhielten!

Es ist also durchaus möglich, dass vor dem Industriezeitalter ein auf der einen Seite der Welt singender Blauwal von einem Blauwal auf der anderen Seite des Planeten gehört werden konnte. Wenn man sich die Geschwindigkeit von Schall im Wasser und die Distanzen ansieht, ist es möglich, dass damals eine Botschaft – verschiedenste akustische Informationen – in wenig mehr als sieben Stunden einmal um die Welt gesendet wurde.

Heutzutage sind wir Menschen so stolz auf unsere globalen Kommunikationstechnologien – und dabei gibt es mindestens zwei Walarten, die schon seit Anbeginn ihrer Existenz über derartige Möglichkeiten verfügen!

Das beantwortet vielleicht nicht Ihre Frage, ob Wale auf anderen dimensionalen Ebenen der Realität arbeiten, aber meiner Meinung nach ist es sogar noch viel tiefgreifender, dass sie die genannte Fähigkeit besitzen. Wir Menschen sind einfach nicht in der Lage, uns das Bewusstsein eines solchen Geschöpfes vorzustellen.

Großartig! Es freut mich, dass auch Sie der Meinung sind, dass mehr hinter ihren wundervollen Klängen und den außergewöhnlichen geometrischen Strukturen dieser Klänge stecken muss als die simple Botschaft: »Hier gibt es heute keine Fische. Lasst uns weiterschwimmen.«

Ich hoffe, dass wir anhand der Klicklaute der Schnabelwale schon bald mehr darüber herausfinden können. Diese Klicklaute sind sehr kurz – nur etwa fünfhundert Mikrosekunden lang. Die von Hydrophonen aufgezeichneten Schnabelwal-Klicklaute entsprechen siebzig- bis achtzigtausend Zyklen pro Sekunde, das sind achtzig Kilohertz. Ein Mensch dagegen kann ohne Hilfsmittel auch dann, wenn er ein ausgesprochen gutes Gehör hat, maximal fünfzehn- bis zwanzigtausend Zyklen pro Sekunde hören, das sind zwanzig Kilohertz.

Die Schnabelwale tun sich zu Schulen von fünf bis zehn Walen zusammen und können bis zu eine Stunde lang auf eine Tiefe von dreitausend Meter ab- und gemeinsam wieder auftauchen. Dort unten herrscht völlige Dunkelheit, und trotzdem können sie sich problemlos orientieren. Möglicherweise sind ihre Klickgeräusche für diesen Prozess wesentlich.

In einem früheren Gespräch haben Sie mir erzählt, dass die Navy Probleme mit den Schnabelwalen hat. Könnten Sie das bitte näher erläutern?

Natürlich. Es gibt Wale, die jedes Mal in Angst geraten, wenn irgendwo militärische Übungen stattfinden – und das geschieht vor den Bahamas, den Kanaren, auf Hawaii und an vielen anderen Orten.

Dann ist es also eher so, dass die Wale Probleme mit der Navy haben, und nicht die Navy mit den Walen?

Es ist nicht so, dass die Navy die Absicht verfolgt, Wale zu töten. Aber ja, ihre Technologie hat direkten Einfluss auf freilebende Tiere, auch wenn das nicht intendiert ist.

Und doch ist bekannt, dass die Navy ein Testprogramm in den Ozeanen plant, das auf fünf Jahre angelegt ist und Millionen von Meeressäugern ausschalten wird – das gibt die Navy offen zu.

Ich weiß. Aber ich betrachte das aus einem kulturellen Blickwinkel und hoffe, dass wir irgendwie noch eine Möglichkeit finden, dem Militär seine Tests zu ermöglichen, ohne dass 235 Dezibel Schall durch die Ozeane gejagt werden müssen.

Meiner Meinung nach ist das Problem teilweise kulturell bedingt. Für die unmittelbare Zukunft können wir nur hoffen, dass niemand anfängt, blind auf irgendeine Branche einzuprügeln, die die Meeressäuger gefährdet. Beispielsweise reden nur wenige Leute über die Ölindustrie und die vielen Luftgewehre, die überall auf der Welt viel Schaden anrichten und schrecklich viel Lärm verursachen.

Forscher am Pacific Marine Environmental Laboratory in Newport, Oregon, erzählten mir, dass manchmal 75 Prozent ihrer Aufnahmen durch Luftgewehre verursachte Hintergrundgeräusche aufweisen! Für die Meeresbewohner muss das so sein, als würden sie direkt neben einer niemals fertigen Autobahnbaustelle wohnen. Der Lärm der Luftgewehre ist bis zu zweihundert Dezibel laut und dröhnt ununterbrochen, was bei den Sonartests der Navy nicht der Fall ist.

Und dann sind da ja auch noch die Fischereien und ihr sogenannter »Beifang«. Nichts schützt die Delfine davor, und sie sterben zu Hunderttausenden! Ich denke also, wenn wir die Lebensbedingungen der Wale und Delfine verbessern wollen, dürfen wir uns nicht allein mit den Militärübungen der Navy beschäftigen.

Die Probleme, die wir mit den Ozeanen haben, sind sehr vielfältig … Aber wir kommen nicht um die Tatsache herum, dass die Wale und Delfine in großer Gefahr schweben. Und das bedeutet, dass wir alle Faktoren untersuchen müssen, die zu ihrem Elend, ihrem Leid und ihrem sinnlosen Sterben beitragen.

Da bin ich ganz Ihrer Meinung. Ich hoffe, dass sich die Dinge bald in die richtige Richtung entwickeln – erheblich mehr, als dies bisher der Fall ist.

Ganz recht, und zwar so schnell wie möglich! Wir lernen mehr und mehr über die Klänge der Cetaceaner, aber es gibt vieles, was wir in Bezug auf ihre Kommunikation erst noch herausfinden müssen. Wie würden Sie Ihre bisherigen Entdeckungen zusammenfassen? Welche Vision haben Sie? Was können wir Menschen noch aus ihren Klängen lernen?

Ich hoffe vor allem, dass ich den Menschen helfen kann, zu begreifen, dass es außer uns noch andere bewusste Lebewesen auf diesem Planeten gibt. Die Wale waren vor uns hier!

Und niemand kann ausschließen, dass sie auf vielen Ebenen sogar bewusster sind als wir.

Nun, das kann gut sein. Der Pottwal hat ein zweiundzwanzig Pfund schweres Gehirn. Das wird er sicher nicht nur für die Brautschau einsetzen. Immerhin ist die Kapazität gewaltig!

Besonders, wenn man sich die Größe des menschlichen Gehirns im Verhältnis zu unseren körperlichen Proportionen vor Augen führt – und dass wir laut Wissenschaftlern nur fünf Prozent unseres Gehirns überhaupt nutzen!

Manchmal anscheinend noch weniger! Ich hoffe, dass dies der Anfang eines allgemeinen Umdenkens ist: Die Menschen müssen endlich anerkennen, dass wir nicht die einzigen bewussten Lebewesen auf der Erde sind und dass die Ozeane nicht uns gehören – es auch niemals tun werden. Das ist doch eine wirklich absurde Einstellung! Ich weiß nicht, wie irgendjemand so etwas sagen kann, ohne auch nur eine Miene zu verziehen! Der Ozean gehört uns nicht und uns wird uns auch niemals gehören. Wir sind doch keine Meeresbewohner! Wir sprechen hier über Säugetiere, die bis zu einer Stunde lang und an die zehn Kilometer weit freitauchen können. Beides könnte ein Mensch nie im Leben leisten! Darüber sollten die Leute einmal nachdenken.

Wir wollen hoffen, dass die Spezies Mensch in sehr naher Zukunft Gelegenheit haben wird, von ihnen zu lernen – ***wirklich*** *zu lernen. Bisher haben wir nur versucht, ihnen das aufzuzwingen, was sie unserer Meinung nach uns zeigen müssten oder was sie tun müssten, um uns ihre Intelligenz zu demonstrieren. Diese Tests sind größtenteils banal und auf ein enges Spektrum begrenzt, da die meisten Menschen das höhere Bewusstsein dieser großartigen Geschöpfe einfach nicht verstehen.*

In dieser Phase der Kontaktaufnahme zu den Cetaceanern ist es viel wichtiger, unsere Aufmerksamkeit darauf zu richten, wie wir die wichtigen Informationen empfangen können, die **sie uns** *übermitteln wollen, als zu versuchen, ihnen banale Tricks beizubringen.*

Ganz meine Meinung! Es wäre wirklich wundervoll, ihnen unter ihren Bedingungen zu begegnen.

Es wird uns auf diesem Weg sicher ein Stück weiterbringen, Ihre wunderschönen Abbildungen ihrer bewussten Klangmuster anzusehen: die Struktur, die Textur, die erstaunliche Beredsamkeit, die ihnen innewohnt .... Die Sie uns allen in Ihren Mandalas zur Verfügung stellen – Wavelets von Cetaceaner-Liedern. Es sind wahrhaft erstaunliche Wiedergaben, die Sie so meisterlich eingefangen haben. Sie sprechen zu uns, und ich bin mir sicher, dass sie die ersten visuellen Schlüssel für die musikalischen Partituren der Großen Wale und Delfinwesen sind, die wir jemals empfangen haben.

So wie auch die Kornkreise auf den Feldern der Erde erzählen sie von der Kosmometrie des Universums – der universellen Sprache der Harmonien, der Proportion und der Schwingung. Sie sprechen zu unseren Seelen in einer Sprache, die Arten, Welten und Dimensionen transzendiert. Sie sprechen zu uns in der Sprache des Universums.

Wir werden sie verwenden, um zu meditieren und uns einzuhüllen in ihre heiligen Formen. Mit ihrer Hilfe werden wir aus unserem Inneren heraus jenen Ort der Kontaktaufnahme finden – den Ort, an dem wir uns mit dem Lied des Herzens der Großen Wale und Delfinwesen dieses großartigen Planeten Erde und mit den galaktischen Melodien der Q'iquoq'i verbinden können.

Wo auch immer sie sind, sind auch wir.

Wann auch immer sie singen, spüren wir ihren »Klang vor dem Klang«, wie er die Sphärenmusik – das Lied Gaias – in unseren Seelen erklingen lässt.

Cetaceaner-Mandalas: Hilfsmittel zur Meditation

Sie finden hier sechzehn erlesene Mandalas
und zwei weitere auf den Innenseiten des Buchdeckels,
geformt aus den Klängen der Q'iquoq'i des Planeten Erde
mithilfe der Wissenschaft und Kunstfertigkeit
von Mark Fischer.
Versenken Sie sich in den Anblick
ihrer komplexen Beschaffenheit und Struktur
und spüren Sie die Musik.
Bewegen Sie sich durch sie hindurch,
als könnten Sie Ihr Energiefeld umgeben
mit einer holografischen Darstellung dessen,
was Ihre Augen als Bild wahrnehmen,
das Ihre Seele aber als die »Botschaft« erkennt.
Wenn Sie in den Klang eintreten
und sich von seinem Licht einhüllen lassen,
werden Sie die Weisheit empfangen.
Sie werden die Herrlichkeit
des Herzens der Q'iquoq'i erkennen.

Eins
Manifestiere Magie

Zwei
Ehre die Große Mutter

Drei

Entfache die Flamme in dir

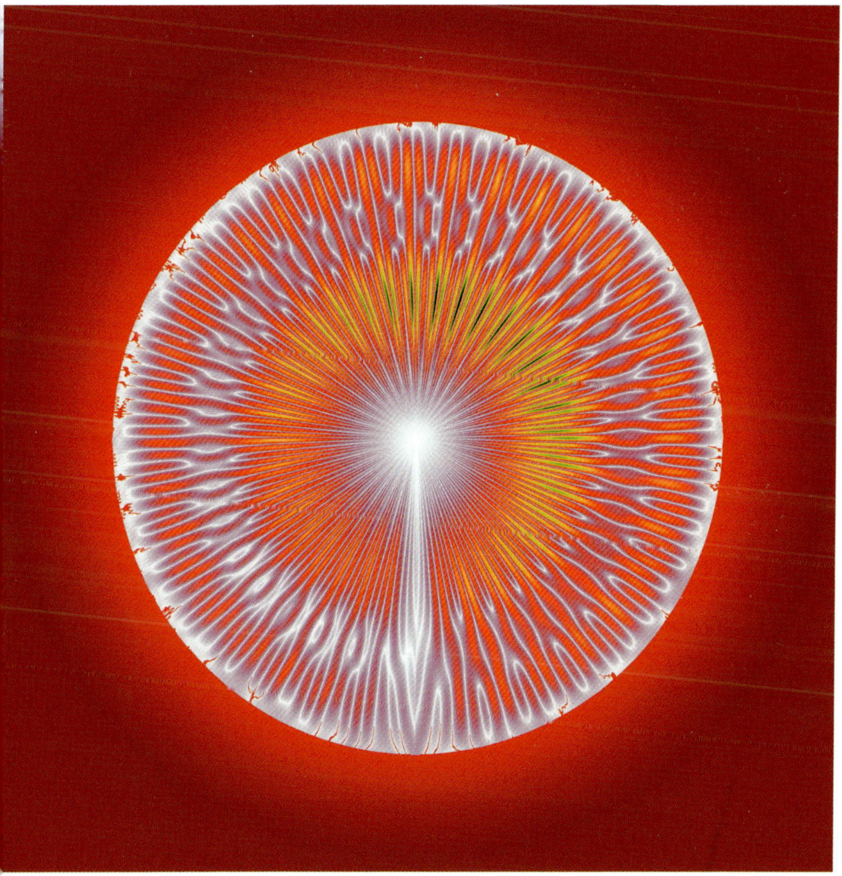

Vier

Balanciere deine Gefühle aus

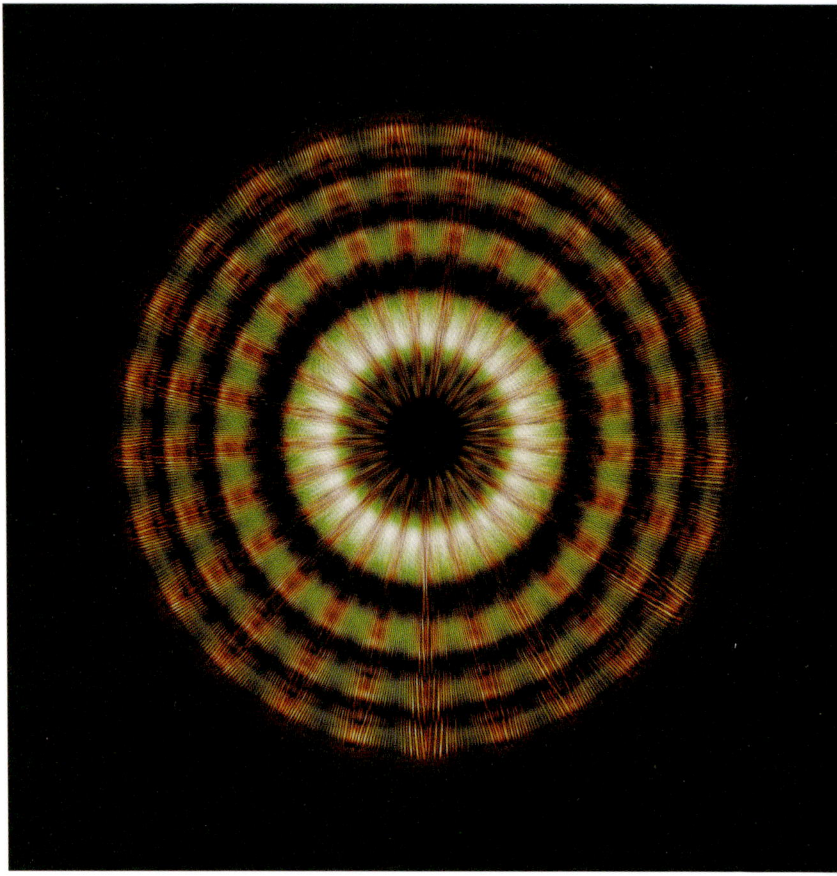

Fünf
Springe ins Licht

Sechs
Erkenne die Kraft in der Hingabe

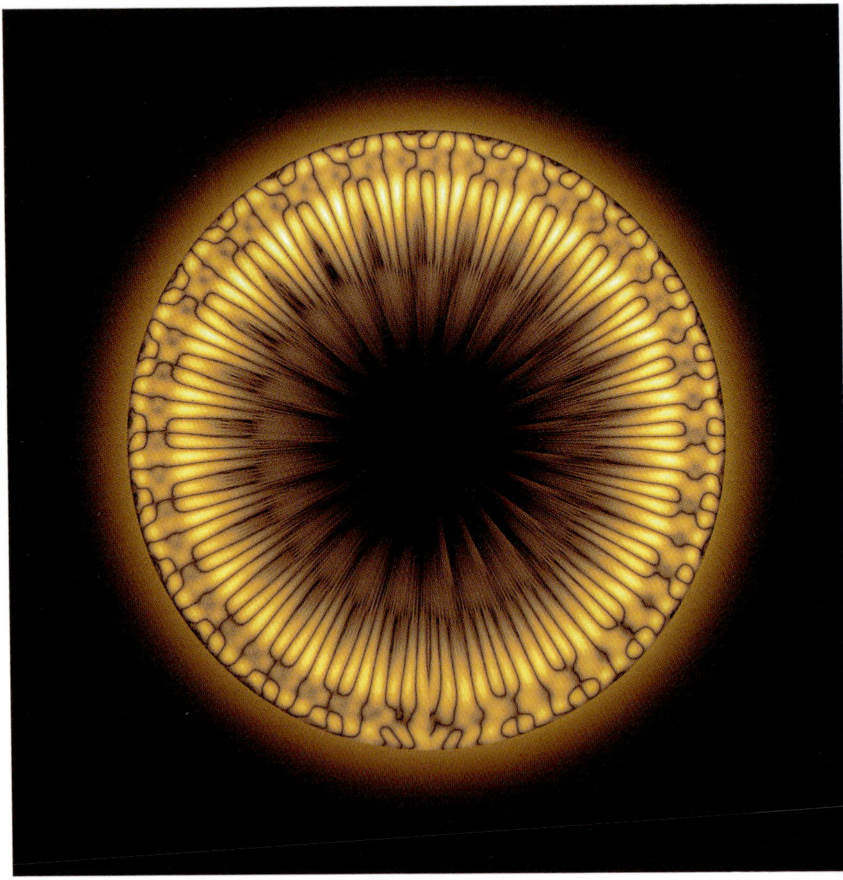

Sieben
Finde Ruhe und segne die Stille

Acht
Reite auf den Resonanzwellen

Neun
Sprich deine ewige Wahrheit aus

Zehn
Vertrau auf die göttliche Ordnung

Elf
Sei verspielt und unschuldig

Zwölf
Spüre den Schlag des Einen Herzens

Dreizehn

Lass den Schatten los

Vierzehn
Webe goldene Fäden der Liebe

Fünfzehn
Strebe nach Weisheit in der Demut

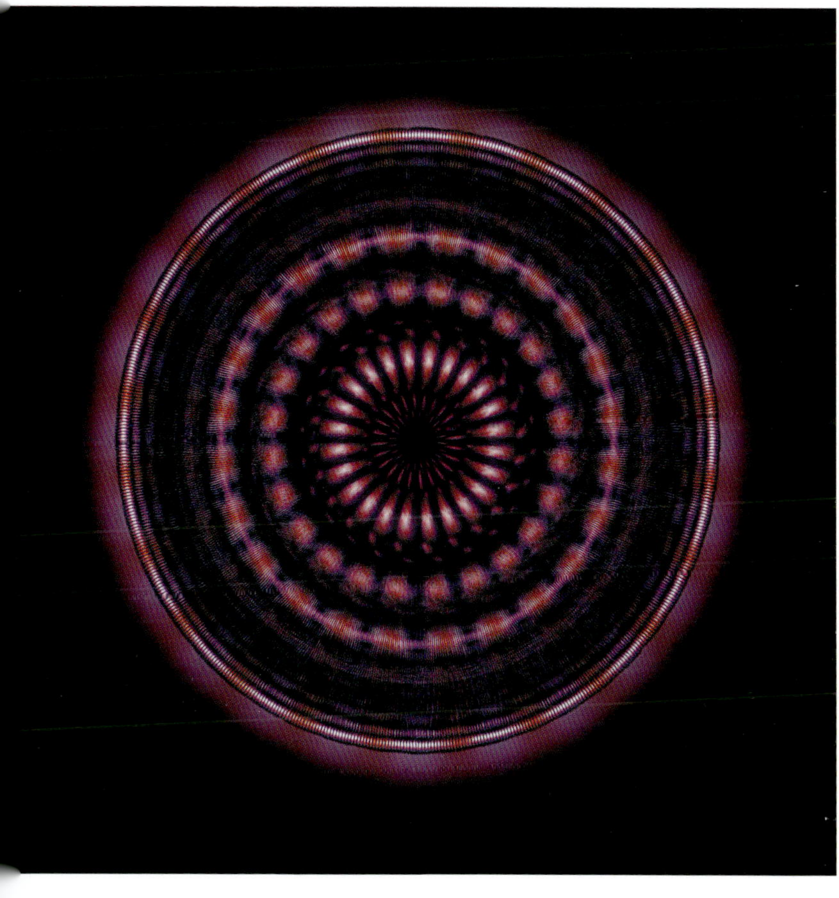

Sechzehn

Denke an Wataq'i

Der Hohe Rat vom Sirius spricht

Ein Channeling von Patricia Cori

Unsere Grüße, Sternensaat!

Mit großer Freude kommunizieren wir mit euch in diesem Moment eurer Raum-Zeit. Wir, die Sprecher des Hohen Rates vom Sirius, stehen für das Bewusstsein zahlloser Sirianer, die sich vom aufgestiegenen Sternsystem Satais oder Sirius B, einem der euch nächsten Gestirne, mit der Erde verbinden. Wir sind alt, viel älter als ihr, und wir wissen viel über die menschliche Rasse, denn unsere Vorfahren waren Teil des Großen Experiments – der Aussaat eurer Rasse.

An Wendepunkten eurer Entwicklung haben wir uns auf der irdischen Ebene materialisiert, uns in Materie auskristallisiert, um der Menschheit besser dienen zu können – der Sternensaat des Universums. So geschah es während des zweiten Zyklus von Atlantis, als ihr im Licht jener Zivilisation erblühtet, es geschah im alten Ägypten, und nun geschieht es wieder.

Wir sind gekommen, um euch an diesem Zeitpunkt eurer Evolution zu dienen, an dem ihr euren Lichtkörper entwickelt, denn wir wissen, was euch erwartet – wir kennen euren Weg. Viele Lichtwesen richten ihre Aufmerksamkeit derzeit auf den Übergang der Erde. Geistwesen von den Plejaden und Andromeda gehören zu denen, die mit euch arbeiten und uns helfen, die Schwingung anzuheben.

Beginnen wir also unsere Intervention, indem wir sagen, dass im Kosmos der Seele alle bewussten Wesen entlang einer Spirale aus der Dunkelheit ins Licht reisen. Als Funken vom unendliche Licht trennen wir uns zunächst vom Ursprünglichen Schöpfer und springen dann in die Abgründe der Dunkelheit, um die Größe von allem kennenzulernen, das im Geist Gottes enthalten ist. Wenn die Faszination nachlässt, die das geheimnisvolle Schattenland auf uns ausübt, klettern wir die Spirale der »Ich-bin-Erfahrung« empor, um schließlich völlige Erleuchtung zu erlangen, zurückzukehren und wieder mit der absoluten Einheit aller Schöpfung zu verschmelzen: dem *Atum,* dem Atom – dem Alles-Was-Ist.

So ergeht es allen biologischen »Einheiten«, die auf eurem planetarischen Zuhause leben. So ergeht es allen fühlenden Wesen im Universum, überall, wo im Kosmos das Leben in seinen vielen Formen blüht und gedeiht. Das gilt für den dichten Bereich des mineralischen Reiches, wo die molekularen Einheiten des Bewusstseins sich so langsam bewegen, dass sie für euch überhaupt nicht bewusst zu sein scheinen – und doch bewusst sind. Das gilt für das Tierreich von Erde, Meer und Luft und schließlich für die Spezies *Homo sapiens,* der höchsten Form intelligenten Lebens in eurer Welt. Es gilt auch in reichem Maße für die Mikrosphäre, der ihr euch nur wenig bewusst seid. Trotz seiner unzähligen Formen und Aspekte mit ihren ganz eigenen Zeiten und Rhythmen (dies ist die musikalische Natur der Existenz), ist doch alles Leben Teil desselben musikalischen Crescendos, und in allen seinen Manifestationen bewegt es sich letztlich aus der Dunkelheit ins Licht.

Als Funken des explodierenden Bewusstseins schießen wir aus den lodernden Flammen hervor, um dann wieder von der Quelle angezogen zu werden ... und erneut zu einem einzigen Feuer zu verschmelzen. Eigentlich verbringen wir eine Ewigkeit damit, uns zu erinnern, dass das, dem wir zustreben, das ist, dem wir entstammen, und das ist die letztgültige Erfahrung. Sternensaat, wir sind hier, um das zu lernen und uns daran zu erinnern.

Diese Göttlichkeit in uns allen vergessen wir, wenn wir den kühnen Sprung in die dichteste Materie wagen, uns (in gewisser Weise) von der Quelle absondern und uns kopfüber in den Abgrund stürzen. Wir lassen uns durch unsere selbst erschaffene Illusion ablenken, durch das Feld der Gegensätze Dunkelheit und Licht – denn unser Wunsch, das Kunstwerk des Schöpfers in all seinen Schattierungen und Komplexitäten zu erforschen, ist der Grund, warum wir eine Existenz als mit freiem Willen begabte, individuelle Einheiten des großen Lichtes des Geistes wählen.

Während unserer Reise der Selbstentdeckung verbringen wir viel Zeit und investieren unermesslich viel Energie in dem physischen Reich, in dem ihr euch gegenwärtig aufhaltet – der dritten Dimension. Dort werden wir nach unserem Auftauchen aus der scheinbar gottlosen Nacht alle mit Wahlmöglichkeiten konfrontiert: der Chance, durch die Felder der Illusionen zu kriechen, zu gehen oder zu springen. Wir wägen jede unserer Erfahrungen von Dunkelheit und Licht, der Dualität der niederen Bereiche, ab und entscheiden aus freiem Willen, wie lange wir uns im Schatten aufhalten wollen. Doch auf der Ebene unseres Seelenkerns wissen wir, dass sich letztlich alles auf der Spirale nach oben bewegt. Alles – jeder bewusste Gedanke, jedes lebendige Wesen – steigt irgendwann auf ins Licht.

Auf dieser Reise assistieren uns jene, die den besagten Weg schon gegangen sind. Sie hinterlassen uns Wegweiser und Lehren, um uns beim Ersteigen der Himmelsleiter zu helfen ... dem Pfad der Rückkehr. Diese Werke sind oft Geschenke sehr hoch entwickelter Wesen, die Zeugnisse für die Frage und die Suche nach dem Verständnis ihrer Unsterblichkeit hinterlassen haben, wie es bei den alten hoch entwickelten Zivilisationen von Gaia der Fall war.

Wir sind der Hohe Rat vom Sirius.

Ihr müsst wissen, dass wir mit unserem Medium [Patricia Cori] schon seit ihrer Verkörperung im mittleren Zyklus von Atlantis gearbeitet haben, wo sie als Hüterin der Kristalle diente.

Wie viele von euch kehrte sie während der letzten Generation der atlantischen Zivilisation in die physische Existenz zurück und lud sich eine karmische Schuld auf, die sie dazu veranlasste, in dieser Zeit erneut ihre Dienste zu leisten. Wir sind in der Lage, in Resonanz mit ihr zu gehen, während sie sich auf sehr machtvolle Schwingungsebenen einstimmt und erlebt, wie die Frequenzen in ihr sich verschieben.

Viele von euch fühlen eine Resonanz zu jenen Feldern des Bewusstseins, in denen Lichtträger aus dem alten Atlantis die archetypischen Zivilisationen jener gefallenen Länder wieder aufbauen. Wir verstehen euren Wissensdurst, jetzt, da Atlantis in eurer Erinnerung und kollektiven Erfahrung aufsteigt. Und wir erinnern uns, denn dort ruht auch die sirianische Prägung, durch die der Pfad unserer Vorfahren unsterblich wurde. Wir haben unser Medium gelehrt, euch aus sirianischer Sicht die Bedeutung aufzuzeigen, die das Leben auf Atlantis für eure sich verändernde Realität in dieser Stunde der menschlichen Zivilisation hat. Von unserem sehr heiligen Ort aus begrüßen wir ihr Streben, unsere Visionen im Raum-Zeit-Kontinuum der gerade stattfindenden Jahre voranzubringen.

Wie Licht, das auf einem Edelstein funkelt, ist dieser Ort im Raum-Zeit-Kontinuum der Referenzpunkt, mit dem ihr die bedeutsamsten Wogen im Crescendo der himmlischen Energien für den stellaren Aufstieg markieren werdet.

Gaia, eure Große Mutter, wird euch aus eurer Wohlbehaglichkeit aufrütteln, sie wird euch durchschütteln wie niemals zuvor. Ra, eure Sonne, wird euch unglaubliche Energiestürme senden, innerhalb und außerhalb der Atmosphäre, was schwierige Momente für euch alle mit sich bringen wird.

Das materialistische Bewusstsein wird geschwächt werden, und so schwer es manchen von euch auch fallen wird, Besitztümer und Bedürfnisse aufzugeben, werden doch immer mehr Menschen den Wunsch verspüren, wieder zur Einfachheit des Austauschs und des Miteinanderteilens zurückzukehren. Ihr lebt in den Jahren der Manifestation, denn ihr seid dabei, euch auf das Zeitalter des Geistes vorzubereiten. Werdet ihr krampfhaft an dem festhalten, was ihr für euren Besitz haltet, oder werdet ihr euch befreien und Gott machen lassen?

Mögen eure Entscheidungen noch so schwer sein, eure Seele wird immer geführt. Ihr werdet euren Weg finden. Entweder strampelnd und schreiend, oder ihr schreitet voller Vertrauen dem Unbekannten entgegen, ohne Angst, neugierig, bereit für Neues.

Ihr seid gesegnet, Sternensaat, jetzt in dieser Zeit der Offenbarung leben zu dürfen. Wir umarmen euch in dem Licht, das auf der Spirale des grenzenlosen Seins von allen geteilt wird, wo jedes Einzelne Alles und Alles Eins ist.

Wir sind der Hohe Rat vom Sirius.

Lesen Sie weiter in dem Buch DIE GROSSE VERÄNDERUNG, herausgegeben von Martine Vallée, Amra Verlag, Hanau 2009. Neben dem Hohen Rat vom Sirius melden sich darin zu Wort Kryon, Maria Magdalena und die Hathoren, durchgegeben von Patricia Cori, Lee Carroll und Tom Kenyon.

Nachwort des Hohen Rates vom Sirius

durchgegeben von Patricia Cori

Vieles ist geschehen, seit wir erstmals die Kanäle des Lichts und die zahlreichen Gedankenverbindungen geöffnet haben, deren sich unser Medium erfreut, und wie ihr seht, ist das, was den Anschein erweckt haben könnte, am Rand eurer Realität zu sitzen, nun voll ins Rampenlicht gerückt. Ihr könnt es nicht länger leugnen – falls ihr das jemals getan habt.

Jetzt tritt auch ins Bewusstsein der breiten Masse, wovon wir euch erzählt haben, über die Mauern dogmatischen Widerstands hinweg und hinein in die Herzen und Seelen der weitaus größeren Menschenanzahl, die inzwischen auf dem Großen Blauen Planeten lebt. Wir haben euch vom Leben jenseits eures Reiches erzählt – nicht nur von Wesenheiten, die fremd auf der Erde sind, sondern auch von euren eigenen Wanderungen und Besiedelungen auf anderen himmlischen Stationen in eurem Sonnenreich. Bilder von Sphinxen, Statuen und unterirdischen Transportsystemen habt ihr gesehen, von Pyramiden, Basislagern, Flüssen und Wäldern auf dem Roten Planeten – ihr wisst, dass es dort eine Geschichte gibt, die eure eigene reflektiert und die Weisheit uralter Zivilisationen auf Erden spiegelt. Ihr habt die Monde in eurem System gesehen, darunter eure Luna, und wurdet über sie belehrt – Monde, auf denen es Wasser gibt, den Ursprung allen biologischen Lebens. Vor einiger Zeit haben wir euch erzählt, dass es Leben auf dem Mond und auf dem Mars gibt und dass eure eigene Spezies in Basislagern, die vor sehr vielen Mondumläufen dort errichtet wurden, mit den heimischen Geschöpfen interagiert. All das wird euch jetzt enthüllt – es wird alles in dieser Zeit der *Großen Veränderung* enthüllt.

Wir haben euch vor den Technologien, die aus vergangenen Welten, von fremden Zivilisationen und euren eigenen zukünftigen Inkarnationen stammen, gewarnt und euch auf sie vorbereitet, und auch sie werden jetzt enthüllt: die riesigen HAARP-Türme des Walk-In Akkaeneset, die Manipulierung des genetischen Codes allen in eurer Welt existierenden Lebens, die absichtliche Verdunkelung der Sonne durch den Missbrauch von chemischen und metallischen Sprühmitteln ... All das sind Formen technologischen Eingriffs in euer Leben. Und was die Geheimnisse betrifft, die keine Geheimnisse mehr sind – wir haben versucht, euch sanft aus dem Ruhezustand passiven Gewahrseins hin zu vollständiger Zurechnungsfähigkeit, vollem Verständnis und Anerkennung der Mächte zu stupsen, die euch beherrschten und (zumindest früher) glaubten, dass sie euch durch und durch besitzen könnten. Die Macht entgleitet ihnen. Obwohl sie alle denkbaren Register ziehen und mit jedem Hilfsmittel aus ihrem Werkzeuggürtel daran festhalten ... funktioniert es einfach nicht. Wie die Mauern Jerichos stürzen ihre Bollwerke ... Wir dürfen wohl sagen, dass sie in sich zusammenbrechen. Wir bleiben bei unserer Verkündigung: »Lasst es keine Geheimnisse, keine Lügen mehr geben.« Und die Erwachten unter euch nehmen diese Verpflichtung aufrecht stehend, glorreich und mächtig an, und wir bezeigen euch Ehre.

Wir haben euch von den wüsten Tagen erzählt, davon, wie ihr sie durchstehen werdet. Und hier seid ihr nun, genau im Zeitplan, und erkennt, dass der Sand der Illusion in Wahrheit ein Kristallfenster ist, das die Neue Dämmerung, die direkt vor euch liegt, in die Matrix reflektiert, und dass der Sand durch das Stundenglas rinnt, das ihr zur Dokumentierung eurer gemeinsamen Reise nutzt. Ihr späht hindurch, wissbegierig und mit strahlenden Herzen und Seelen, und ihr wisst, wie nahe ihr jetzt dem Ziel seid. Euer Puls steigt, die Zeit gleitet in unmessbare Quanten ab, das Universum öffnet und schließt sich, atmet ein … atmet aus, in einem göttlichen Rhythmus. Wir haben euch erzählt, dass euer isoliertes Waisendasein enden wird, und so ist es auch. Ihr wisst, dass ihr darauf vorbereitet werdet, mit offenen Armen das Wunder zu begrüßen, das eure Fantasie schon so lange anregt, wie ihr denken könnt – die Zeit der Wiedervereinigung, in der ihr endlich in den Himmel blickt und euren galaktischen Spiegelbildern zuruft: »Wir sind nicht allein!« Woher komme ich wirklich? Was sind die Sterne wirklich? Wo ist mein wahres Zuhause? Wann werde ich dorthin zurückkehren? Das sind die Fragen, die eure Neugier und euer Staunen wecken, die euch auf eurer evolutionären Aufstiegsreise die Treppe hinaufspringen lassen.

Die Sonneneruptionen Ras verdrahten im Augenblick Gaias Energienetzwerke neu. Sie regen eure Nervenpfade an, erleuchten den bewussten Verstand wie Blitze den Nachthimmel. Vergesst nicht, was wir euch schon zuvor verraten haben: Vertraut auf die Sonne. Vertraut auf Ra. Er weiß, was er tut. Vertraut dem Universum … vertraut euch selbst. Vertraut auch einander, nutzt aber trotzdem euer Urteilsvermögen, um falsches Spiel, Lügen und das Geschwafel von Entitäten – ob körperlich oder in Astralschatten verborgen – zu durchschauen, die Fantasievorstellungen für Schwache und Willfährige verbreiten, die als »Weisheit« angenommen werden sollen … obwohl sie es nicht sind.

Die Großen Wale und die Delfinwesen werden bald eine wichtige Rolle spielen und die Frequenzen von Gaias Gewässern halten und euch mit den höheren Dimensionen vernetzen. Auch sie verändern sich. Sie rufen euch zu, dass ihr die hohen Noten des menschlichen Herzens halten sollt, während sie das kosmische Licht durch die Zellen der Meereslebewesen fädeln und den kristallenen Gewässern die Harmonien der Sphärenmusik einprägen. Sie vermitteln Frequenzen, die euer ganzes Wesen zum Klingen bringen.

Euer wahres Zuhause ist überall und nirgends. In der Ewigkeit eurer Existenz habt ihr so viele Formen, so viele verschiedene Dichtegrade, so viele Sterne gewählt. Im Augenblick, in diesem Moment herrlichen Übergangs, seid ihr ausgewählt worden, zu Spirits Kriegern der Erde zu zählen – und ihr seid mit dem Recht geehrt worden, dort zu sein. Auch wenn ihr, wie wir es nennen, die Laterne des Spirituellen Schwerts der Wahrheit durch die Wüste tragt: Ihr seid alle ein Teil davon, alle gleich in eurer Hingabe, vorausgesetzt, ihr seid reinen Herzens, frei von den Schatten, die das Ego auf die Seele wirft, und in der Wahrheit verankert – so wie ihr sie versteht.

Wir sind hier bei euch, nur einen Atemhauch entfernt.
Wir werden nicht von eurer Seite weichen.
Das haben wir niemals getan, seit eurem Anbeginn.
Also atmet tief durch …
Bleibt auf eurem Kurs.
Nutzt euer Urteilsvermögen, um die verzerrten Bilder
der überfüllten und trüben Linse herauszufiltern.
Und schreitet, erhaben und furchtlos, wie nur ihr es könnt,
in die Neue Dämmerung.

Gesegnet seien die Kinder Gaias.
Seid gesegnet.

Lesen Sie weiter in dem Buch NEUE ZEIT, herausgegeben von Martine Vallée, Amra Verlag, Hanau 2012. Neben dem vorliegenden Nachwort von Patricia Cori enthält es Botschaften von Kryon, Metatron, Maria Magdalena und den Hathoren, durchgegeben von Lee Carroll, James Tyberonn und Tom Kenyon.

Danke für die Unterstützung

Danke an alle Menschen bei North Atlantic Books, die mit mir an unzähligen Manuskripten gearbeitet und viele Deadlines, Layouts und Druckprozesse mit mir durchgestanden haben, um meine Texte in die Welt hinauszutragen. Mein besonderer Dank gilt Richard Grossinger für seine Vision und sein Vertrauen; Jon Goodspeed, der mich nicht nur als Autorin, sondern auch als Mensch betreut; Emily Boyd, der Lektorin meines Vertrauens – es ist eine Freude, mit dir zu arbeiten; meiner Pressesprecherin Kat Engh und meiner gewissenhaften Korrektorin Adrienne Armstrong, weil sie niemals ihre Stimme verloren hat.

Danke auch an José und Serena von Cabo Sails; Enrico, Patricia und Dania von CW Azores; Justin Hart für seine wunderschönen Bilder; Mike, den geduldigen Kapitän der *Valiant;* Petra, die meine Hand gehalten hat, als ich mich zum ersten Mal in die Welt der freilebenden Delfine hinausgewagt habe; Eugenio, der mir geholfen hat, der Tiefsee zu vertrauen; und allen, die mich dabei unterstützt haben, den Walen und Delfinen über die Jahre hinweg näherzukommen – ich danke euch aufrichtig für eure Hingabe und Liebe für unsere geliebten Wale.

Als ich mich in die Kunst des Walgesangs vertiefte, fand ich in Mark Fischer eine große Inspirationsquelle. Ganz besonders möchte ich ihm dafür danken, dass er sich die Zeit genommen hat, mit mir zu sprechen und die atemberaubenden Wavelet-Grafiken zu erschaffen, die Sie in diesem Buch finden. Ich hoffe, dass sie Ihnen dabei helfen, eine Verbindung zu dem Licht und der Liebe der Q'iquoq'i herzustellen.

Mein Dank geht außerdem hinaus an alle auf diesem wundervollen Planeten, die dafür kämpfen, etwas zu verändern, und sich für den Schutz der Wale und die Heilung der Gewässer einsetzen. Danke für alles, was Sie tun.

Vor allem aber ist mein Herz voller Dankbarkeit euch gegenüber, der Familie der Q'iquoq'i: dafür, dass ihr mein Herz bis aufs Äußerste erweitert habt – bis an den Punkt, an dem es keine Grenzen mehr gibt …

Über die Autorin

Patricia Cori ist eine weltbekannte Autorin, Abenteurerin und spirituelle Lehrerin, die regelmäßig Reisen zu den heiligen Stätten der Erde in Nepal, Tibet, Asien, Mexiko, Ägypten, Peru und Europa anbietet, auf denen sie die Teilnehmer mit den Energien der Erde und der Heiligen Weisheit alter Kulturen vertraut macht. Sie wurde in der Umgebung der San Francisco Bay geboren und erlebte die New Age-Bewegung dieser Region seit der Anfangszeit in den frühen 1970er Jahren mit. Ihr ganzes Leben lang nutzte sie ihre medialen Fähigkeiten zur Heilung und Unterstützung anderer. Sie widmete sich dem Studium des Mystizismus, der Philosophie, alter Zivilisationen, metaphysischer Heilung, der Spiritualität und unerklärlicher Mysterien. Geistige Lehrer der tibetischen, peruanischen und Maya-Tradition auf der ganzen Welt kennen und schätzen sie als Schamanin.

Neben häufigen Auftritten in Funk und Fernsehen wurde sie auch als Hauptrednerin zu strategischen Konferenzen auf der ganzen Welt eingeladen und war in den Filmen *The Circle Chasers* (2006) und *We Are Already In It!* (2012) zu sehen. Ihre zahlreichen Bestseller über das sich erweiternde Bewusstsein der Menschheit sowie ihre Beiträge in den auf Deutsch bei Amra erschienenen

Büchern *Die Große Veränderung* (2009), *Das Bewusstsein der Neuen Zeit* (2010) und *Neue Zeit* (2012), die gemeinsam mit Lee Carroll, Tom Kenyon und Pepper Lewis entstanden, haben bereits zahlreichen Menschen helfen können.

Aufgrund ihrer Liebe zu den Meeressäugern verbrachte sie viele Stunden auf See, wo sie die Nähe der Wale suchte und mit freilebenden Delfinen schwamm. Ihr erklärtes Ziel ist es, der Menschheit die Notlage der Ozeane bewusst zu machen, damit wir mit vereinten Kräften das Gleichgewicht der Meere wiederherstellen und diese retten können.

Wenn Sie mehr über ihre SoulQuest™-Reisen erfahren möchten, bei denen man auch mit freilebenden Delfinen schwimmen kann, informieren Sie sich über ihre neuesten Aktivitäten auf ihrer Webseite www.patriciacori.com.

Lisa Biritz & Paul MacIsaac
DELFINE
Engel und Heiler der Meere

63 Min. Hauptfilm plus Extras, Box mit Booklet
Amra Cinema DVD, € 19,95 [UVP]

ISBN 978-3-939373-76-6

Originalaufnahmen vor Hawaii mit Channelings und geführten Meditationen für den telepathischen Kontakt mit Delfinen, meh Liebe und Freude, freieres Atmen und ein Leben in Weisheit.

Diana Cooper, Anselm Grün u.a.
EINHÖRNER
Vom Mythos zum Begleiter

63 Min. Hauptfilm plus 2 Std. Bonus, Box mit Booklet
Amra Cinema DVD, € 24,95 [UVP]

ISBN 978-3-95447-024-2

Wofür stehen Einhörner? Welche spirituelle Bedeutung haben sie? Die Filmautorin Renate Ingruber spricht mit Menschen, die sich von der Energie der Einhörner berührt fühlen.

Sabrina Fox
VON ENGELN BEGLEITET
Wie Sie Ihre Engel erkennen und in die Stille kommen

62 Min. Hauptfilm plus Extras, Box mit Booklet
Amra Cinema DVD, € 19,95 [UVP]

ISBN 978-3-939373-68-1

Bestsellerautorin Sabrina Fox beschreibt das »Engel-Erleben«: wie man Engeln zuhört, mit ihnen lebt und Kontakt aufnimmt. Enthält eine geführte Heilmeditation mit Seelengesang!

Textauszüge, Videos und Hörproben auf www.AmraVerlag.de

Jetzt auch als eBook!

Lisa Biritz
SPIRIT IM GEPÄCK
Delfine, Wale und Sternenwesen – Leben in der Neuen Zeit

200 Seiten, Hardcover, gelbes Leseband
Amra Verlag, € 16,95 [D]

ISBN 978-3-939373-91-9

Eine Journalistin überlässt sich ihrer inneren Führung und reist um die ganze Welt – auf der Suche nach Antworten in einer sich verändernden Zeit. Mit Fototeil Delfine & Wale!

Jetzt auch als eBook!

Tom Kenyon
LICHTMEDIZIN
Botschaften der Hathoren für die Neue Zeit

288 Seiten, Hardcover, gelbes Leseband (mit CD)
Amra Verlag, € 19,95 [D]

ISBN 978-3-954470-06-8

Einzigartig klare Mitteilungen und Hilfsmittel zur Stärkung des eigenen Energiefeldes, um sein Bewusstseinspotenzial zu erweitern. Mit Bonus-Essay über psychospirituelle Entgiftung.

Jetzt auch als eBook!

LD Thompson
WAS DIE SEELE SIEHT
Wege zum inneren Frieden

256 Seiten, Hardcover, oranges Leseband
Amra Verlag, € 19,95 [D]

ISBN 978-3-939373-98-8

Dein Leben wird von deiner Seele gestaltet, und je mehr du auf sie hörst und nach ihren Werten und Wünschen handelst, desto freudvoller wird dein Leben. Vorwort von Sabrina Fox.

Textauszüge, Videos und Hörproben auf www.AmraVerlag.de

Sabrina Fox spricht LD Thompson

»Solano war und ist
einer meiner Lehrer.
Einer, für den ich
besonders dankbar bin.«
Sabrina Fox

NACH HAUSE KOMMEN

Nimm Verbindung auf mit deiner Seele
73 Min., CD im Jewelcase, € 19,95
ISBN 978-3-954470-13-6

Eine geführte Meditation mit anschließender Klangheilung, um wieder Verbindung mit der eigenen Seele aufzunehmen, eins zu werden mit sich selbst und sich treiben und leiten zu lassen. Sie hilft, das Wohlgefühl zu erhöhen und das Selbstbewusstsein sowie die Zuversicht in eigene Entscheidungen zu stärken – erfüllt und getragen von der Energie deiner Seele.

IN DER STILLE DEINES SEINS

Geführte Meditation für Einheit und inneren Frieden
74 Min., CD im Jewelcase, € 19,95
ISBN 978-3-954470-14-3

Eine Meditation zu sanften Klängen, um in das Meer des eigenen Seins einzutauchen – eine Neuausrichtung der Chakras und Reinigung der endokrinen Drüsen bis hinauf zur Hypophyse und Zirbeldrüse, um dich für die umfassende Weisheit deines Körpers zu öffnen. Lass dich durch deine Energiefelder führen und stärke deine Selbstheilungskräfte im Ozean der Stille.

Seit eine mystische Erfahrung ihn zum Medium für Solano machte, lehrt LD Thompson die Menschen weltweit den Zugang zu ihrer Seele. Sabrina Fox ist seine deutsche Stimme. Die Musik schrieb William Rieflin, bekannt durch R.E.M. und Ministry.

Hörproben auf www.AmraVerlag.de · Überall im Handel!